小学4年

難易度・分野別問題集

# ウイニングステップ

社会



NICHINOKEN BOOKS

## ～おうちの方へ～

# 本書の特色と使い方

### ●科学的なデータにもとづいて問題を作成

中学受験で最高の実績を誇る日能研が過去の入試問題を徹底的に分析し，構築したデータベースをもとに，小学４年生で身につけておきたい学力を養う問題を作り上げました。

### ●実際の正答率からレベルを設定

本書に収録した問題の多くは，日能研が実施しているテストなどに出題された問題を，さらに厳選し，練り上げたものです。日能研ではこのテストでの正答率によって問題を**「難度」A～C**に分けて，データ分類しています。正答率と難度の対応はおよそ次のとおりです。正答率が高ければ易しい問題，低ければ難しい問題といえます。

| 難　度 | A | B | C |
| --- | --- | --- | --- |
| 正答率 | 100～60% | 60～30% | 30%未満 |

本書ではこの**「難度」**を**「レベル」**といいかえて使用しています。したがって，本書のレベルという言葉には統計的な視点がおりこまれているのです。

### ●ねらいをつかむ構成で，確実に学力がアップ

各章とも良問が難度順に配列されているため，学力が効果的にステップアップしていきます。

①　各章ごとに**まとめのポイント・例題**がついています。
　例題では，その章の代表的な問題を取り上げ，**考え方**をしめしながら**解答**へとみちびきます。まずこのページを先に学習することで，いっそう理解が進みます。
②　**演習**には，なるべく多くのパターンの小問をふくむ問題を集めてあります。つまずきやすいところには，理解を助けるための**考えるヒント**をつけています。
③　大設問ごとに個別の**学習テーマ**をのせて，問題の意図を明らかにしています。テーマごとの理解度がよくわかるので，その後の学習にもたいへん役立ちます。

# もくじ

## 第1章　地図を読み取る

## 第2章　健康で安全なくらしをまもる

## 第3章　物をつくったり売ったりする仕事をしらべる

## 第4章　各地の気候や地形のようすをしらべる

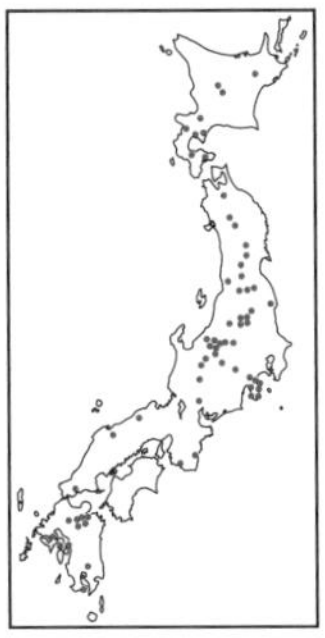



## 第5章　むかしといまのくらしのちがいを考える

第 **1** 章

# 地図を読み取る

## まとめのポイント

1 方位《ほうい》記号や地図記号に注意して土地のようすをしらべよう。
2 等高線《とうこうせん》と同じ考え方の等深線《とうしんせん》や等温線《とうおんせん》を使った地図を読み取ろう。

## キーワード

方位記号　地図記号
断面図《だんめんず》　等高線
等深線　等温線

## 例題　地図記号のなりたちをつかもう

◆ 次の地図を見て，あとの各《かく》問いに答えなさい。

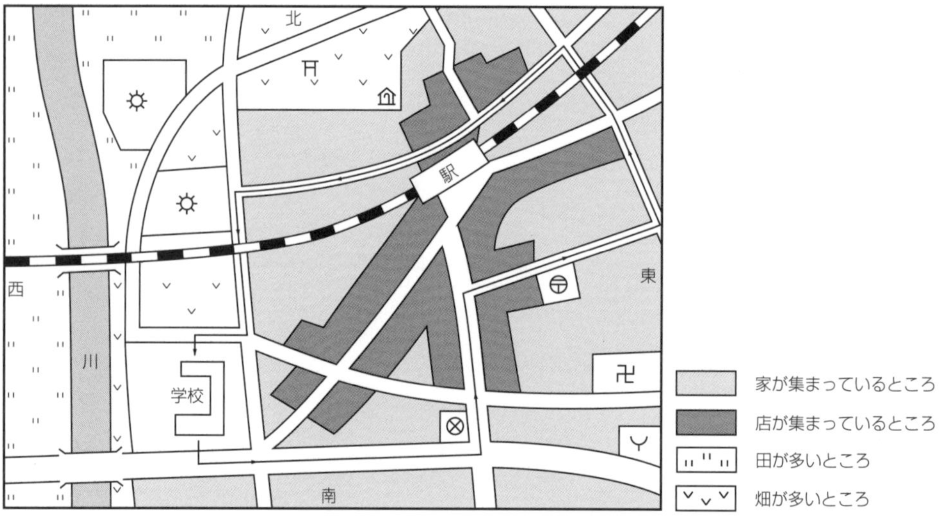


**問 1**　次の①～④は，上の地図中にある地図記号のなりたちを説明《せつめい》したものです。①～④の地図記号がしめしているものを下のア～クから選《えら》び，それぞれ記号で答えなさい。

①　⊗……警棒《けいぼう》を交差《こうさ》させてあらわしたもの
②　Y……むかし，火消しが使った道具「さすまた」をあらわしたもの
③　☼……機械《きかい》の歯車をあらわしたもの
④　⛩……とりいの形をあらわしたもの

| | | | |
|---|---|---|---|
| ア　工場 | イ　神社 | ウ　銀行 | エ　寺 |
| オ　警察署《けいさつしょ》 | カ　消防署《しょうぼうしょ》 | キ　郵便局《ゆうびんきょく》 | ク　病院 |

**問 2**　次の①～④の文のうち，上の地図を正しく読み取っているものは○で，まちがって読み取っているものは×で答えなさい。

① 駅の南側《みなみがわ》よりも北側の方がお店がたくさんあります。

② 川の両岸は田よりも畑になっています。

③ 学校から見て東の方角に寺があります。

④ 神社のまわりには家が集まっています。

**問３**　学校を出発して，前の地図中の矢印《やじるし》（⟶）のような道すじで歩いてみると，下のア～エの建物《たてもの》を通ります。建物を通った順《じゅん》にならべかえなさい。

ア　郵便局　　イ　工場　　ウ　駅　　エ　警察署

**問４**　駅の北西に最近《さいきん》，①仚が建てられました。仚は，②个・③血・④🕮と同じように平成時代にできた地図記号です。①～④の地図記号があらわすものを下のア～エから選び，それぞれ記号で答えなさい。

ア　図書館　　イ　風車　　ウ　博物館《はくぶつかん》　　エ　老人ホーム

## 考え方

**問１**　地図記号は，実際《じっさい》にあるものを記号化してあらわしたものです。地図記号をおぼえるときは，実際にあるものを思いうかべるとよいでしょう。警棒《けいぼう》を交差《こうさ》させた×は駐在所《ちゅうざいしょ》や交番をあらわし，⊗は，警察署《けいさつしょ》をあらわしています。工場をしめす☼は，発電所の地図記号☼や灯台《とうだい》の地図記号✵と区別《くべつ》しておぼえておきましょう。また，神社をしめす⛩と寺をしめす卍にも注意しましょう。

**問２**　地図に右のような方位《ほうい》記号がついているときは，その記号のさす方向が北です。この方位記号がついていないときは，上を北にするという約束《やくそく》になっています。上が北のときは右側《みぎがわ》が東，左側が西，下が南です。

方位記号

8　方　位

**問３**　⟶にしたがって通る道すじにある地図記号に注意しましょう。

**問４**　地図記号は何かの形をもとにしたものが多いので，少し連想をはたらかせると，まだ学習していないものもわかります。🕮は本を開いた形をもとにしてつくられた図書館の地図記号，血はギリシャ神殿《しんでん》の形をデザインした博物館の地図記号です。个は風力発電用風車，仚は老人ホームをあらわす地図記号で，国土地理院が全国の小学生・中学生から募集《ぼしゅう》したデザインがもとになっています。2019年には，過去《かこ》の自然災害《しぜんさいがい》の情報《じょうほう》を伝《つた》える自然災害伝承碑《でんしょうひ》の地図記号⍓がつくられました。

## 解答

**問１**　①オ　②カ　③ア　④イ　　**問２**　①×　②×　③○　④×

**問３**　エ→ア→ウ→イ　　**問４**　①エ　②イ　③ウ　④ア

# レベルA問題演習

## ●曲がり角に注意して地図を読み取ろう

**1** 次の地図を見て，あとの各《かく》問いに答えなさい。 ☞答えは106ページ

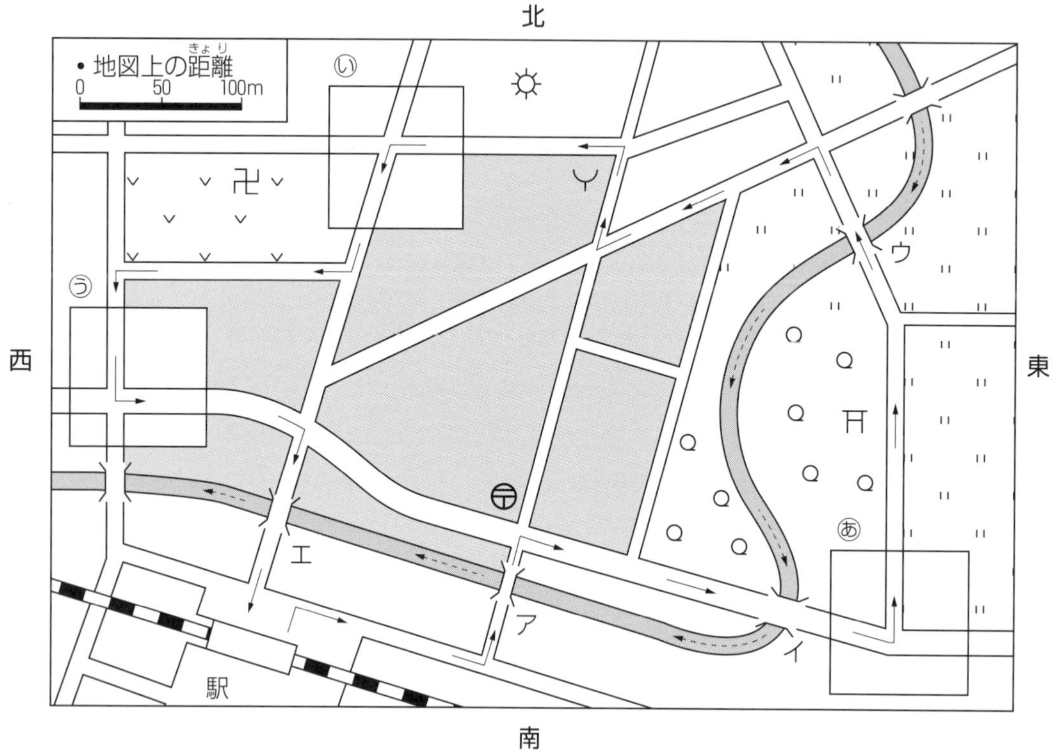


※　地図中の▭は家や店の集まっているところ，←‐‐‐は川の流れる方向をしめしています。

**問1**　上の地図中にある地図記号のうち，次の①～③は何をしめしていますか。下のア～エから選《えら》び，それぞれ記号で答えなさい。

ア　工場　　　イ　寺　　　ウ　郵便局《ゆうびんきょく》　　　エ　消防署《しょうぼうしょ》

**問2**　次の①～④の文のうち，上の地図を正しく読み取っているものは○で，あやまって読み取っているものは×で答えなさい。

①　神社のまわりは，畑になっています。

②　郵便局は，家や店がたくさん集まっているところにあります。

③　寺から見て南の方角に駅があります。

④　消防署と郵便局は，およそ300mはなれています。

**問 3**　駅を出発して，前の地図中の矢印《やじるし》（⟶）のような道すじを歩くと，全部で 4 つの橋をわたります。次の①・②の文にあてはまる橋を地図中のア～エから選び，それぞれ記号で答えなさい。

①　この橋のまわりには田が広がっています。

②　この橋の下で，川は大きく曲がり，西の方に流れていきます。

**問 4**　問 3 と同じように，矢印（⟶）のような道すじを歩くと，いくつかの角を曲がります。前の地図中のあ～うの角を曲がったときのようすを説明《せつめい》した次の文を読んで，それぞれの角のようすとして正しい図を 1 ～ 3 から選び，番号で答えなさい。

・あの角……角を曲がると，右手に小学校がありました。

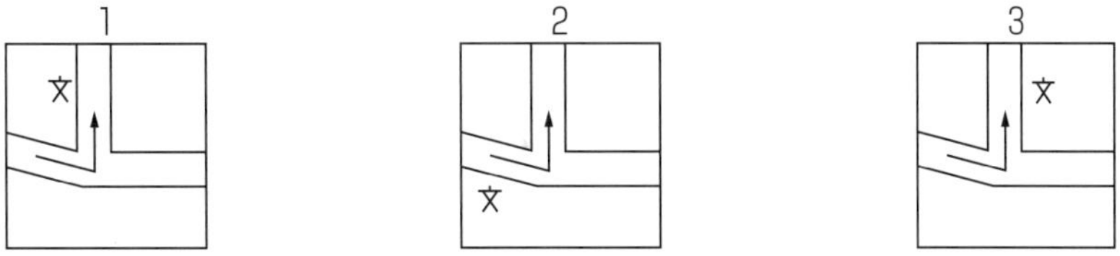


・いの角……角を曲がると，左手に市役所，その向かいに警察署《けいさつしょ》がありました。

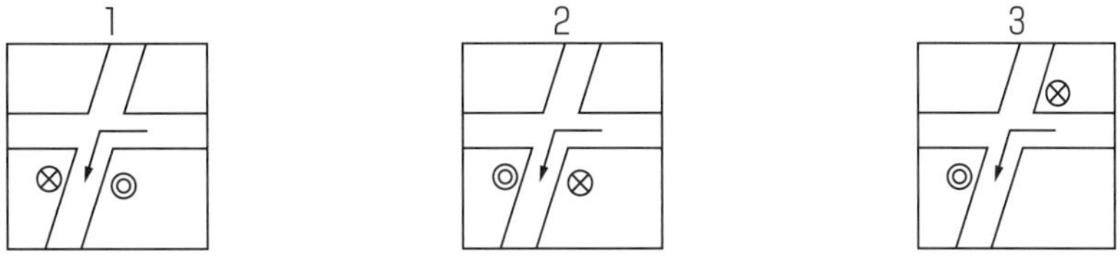


・うの角……角の手前に病院があって，その角を曲がると，右手に高等学校がありました。

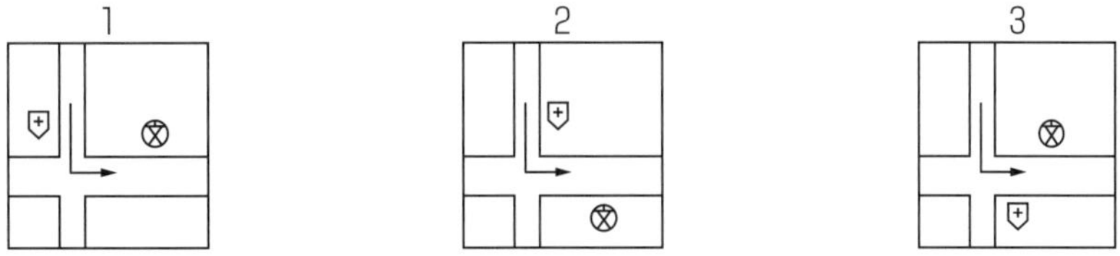


## 考えるヒント

**問 2**　①　地図記号のうち，∨∨は畑，♁は広葉樹林《こうようじゅりん》をしめす。

③　地図の上下左右にしめされている方位《ほうい》を利用《りよう》する。

④　地図の左上にある縮尺《しゅくしゃく》を利用する。

**問 4**　左右をまちがえないように注意しよう。また，角を曲がる前か曲がったあとかについても注意しよう。

# レベルA問題演習

## ●文章から地図を考えてみよう

**2** 『鉄塔《てっとう》　武蔵野《むさしの》線』（銀林《ぎんばやし》みのる作）という小説《しょうせつ》があります。この小説は，ある少年が家の近くにある鉄塔に「武蔵野線75－１」という番号札《ふだ》を見つけ，この発見に胸《むね》をおどらせて，鉄塔のずっと先にはきっと秘密《ひみつ》の原子力発電所があるにちがいないと思い，友だちをさそって，鉄塔武蔵野線をたどる物語です。あなたも，少年たちといっしょに，秘密の原子力発電所基地《きち》をさがしに行きましょう。（なお，次の問題は，小説とは直接関係《ちょくせつかんけい》ありません。）

☞答えは106ページ

**問１**　次の文章は，少年たちが，日曜日ごとに鉄塔を探検《たんけん》したようすを書いたものです。それぞれの日曜日のようすをあらわした地図をあとの１～６から選《えら》び，番号で答えなさい。

最初《さいしょ》の日曜日　：家の近くにある鉄塔の前の道を，送電線の方向に進んだ。小学校の前が行き止まりになっていたので，送電線を見て，右の方向に行くと，左手の荒《あ》れ地に「74号鉄塔」を発見した。

２番目の日曜日：今日《きょう》は，「74号鉄塔」から出発だ。道の両側《りょうがわ》は住宅《じゅうたく》がつづく。道と送電線の方向が同じではないので，最初は左に曲がり，次に右に曲がった。そして，右前方の工場の向かいに「73号鉄塔」があった。

３番目の日曜日：「73号鉄塔」近くの工場をすぎて，さらに進んだ。しだいに住宅は少なくなってきた。右に古いお寺があった。その向こうは竹林になっていた。竹林をすぎると，「72号鉄塔」が金網《かなあみ》の中に立っていた。

４番目の日曜日：「72号鉄塔」から先は，人家はほとんどなく，少し心細いが，もう少し探検をつづけることにした。ブドウ畑がある交差点《こうさてん》を左に曲がって進むと，向こうに「71号鉄塔」が見えた。

５番目の日曜日：「71号鉄塔」の先には川があって，橋をわたった。道は曲がりくねっていた。右側に神社，左側にだいこん畑が広がっていた。この道を左に曲がってしばらく行くと，「70号鉄塔」があった。「１号鉄塔」までは，まだ長い。

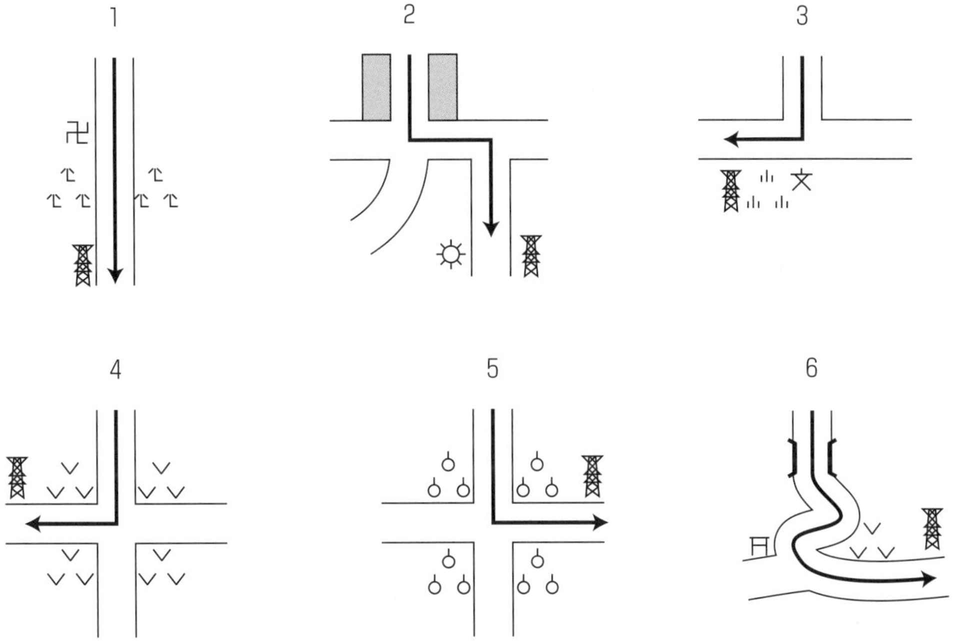


（➔は，進んだ方向をしめしている。）

**地図の記号**

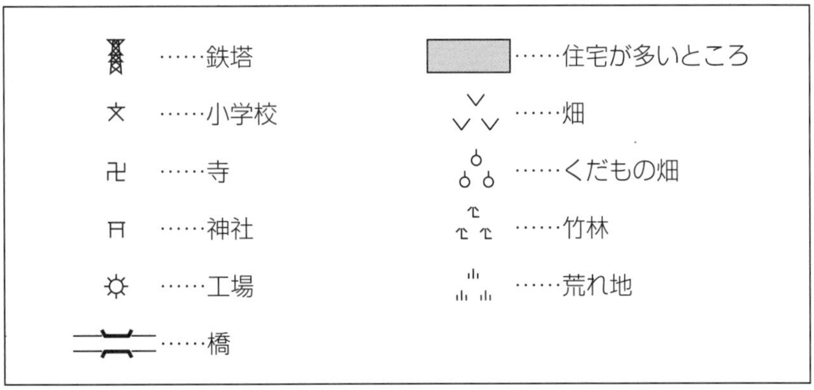

# レベルA問題演習

**問2**　鉄塔の先をずっと探検して行ったら，最後は，発電所に行き着きます。電気をおこすおもな方法《ほうほう》は，3つです。次の図は，3種類《しゅるい》の発電方法をあらわしたものです。［　1　］にあてはまることばをカタカナ2字で答えなさい。また，［　2　］にあてはまることばを下のア～ウから選び，記号で答えなさい。

**水力発電**

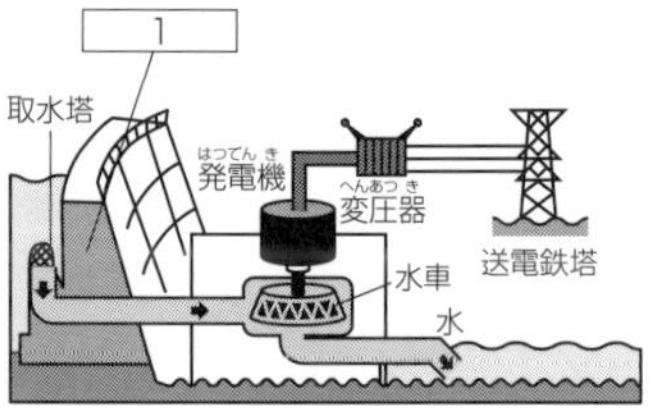


［　1　］をつくって水をため，その水の落ちる力を利用《りよう》して水車を回して電気をおこす。

**火力発電**

石炭や［　2　］・天然《てんねん》ガスを燃《も》やして水をふっとうさせて，その蒸気の力でタービンを回して電気をおこす。

**原子力発電**

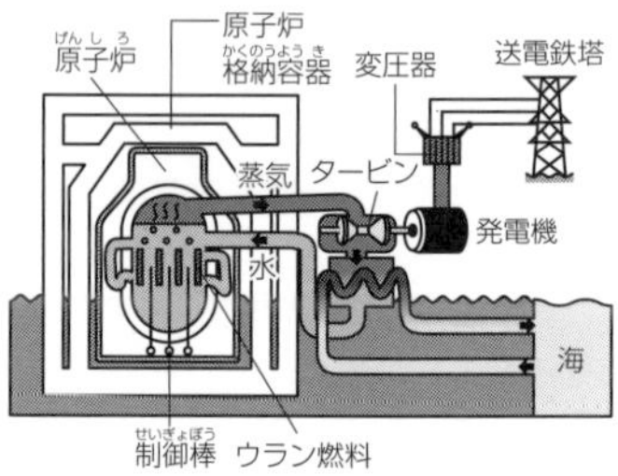


原子炉で発生させた熱《ねつ》エネルギーを利用《りよう》してタービンを回して電気をおこす。

ア　薪《まき》　　　イ　炭　　　ウ　石油

**問3**　次の地図は，3種類《しゅるい》のおもな発電所があるところをしめしたものです。この地図を見て，(1)・(2)の問いに答えなさい。

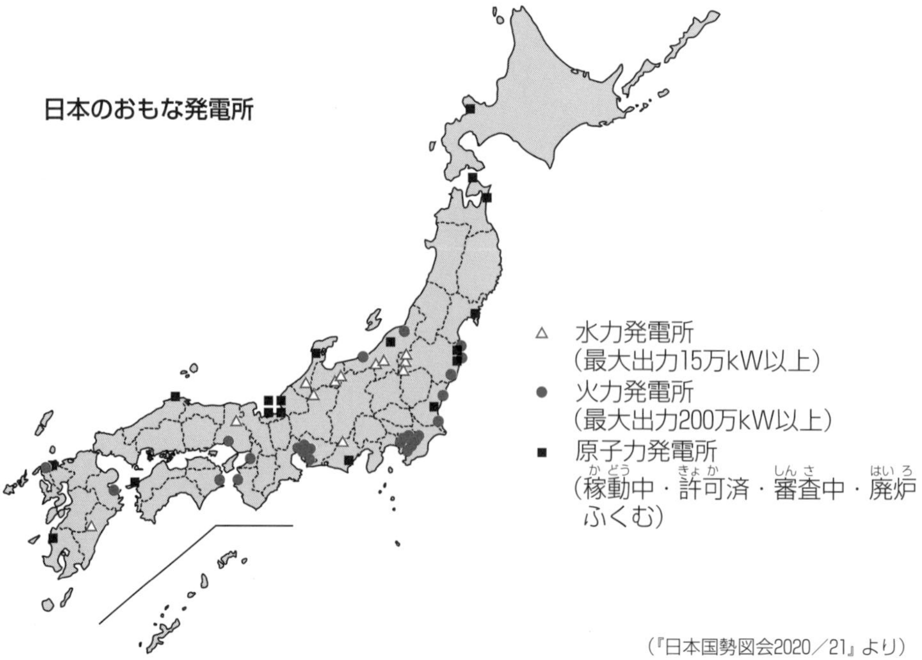


（『日本国勢図会2020／21』より）

⑴　水力発電所は，どのようなところにありますか。まちがっているものを下のア～ウから選び，記号で答えなさい。

ア　海からはなれたところにある。　　イ　山の中にある。　　ウ　川の下流にある。

⑵　火力発電所と原子力発電所があるところはどのようなところですか。2つに共通《きょうつう》したことを答えなさい。

## 考えるヒント

**問2**　水力発電は，ダムをつくって水をため，その水の落ちる力を利用《りよう》して水車を回して電気をおこす。そのため，設備《せつび》に多くの費用《ひよう》がかかるが，燃料費《ねんりょうひ》はかからない。火力発電は，石油や石炭，天然《てんねん》ガスを燃《も》やして水をふっとうさせて，その蒸気《じょうき》の力でタービンを回して電気をおこす。火力発電では，現在《げんざい》は，天然ガスを用いることが多く，次に石炭，石油の順《じゅん》になっている。原子力発電は，原子炉《げんしろ》で発生させた熱《ねつ》エネルギーを利用してタービンを回して電気をおこす。

**問3**　水力発電は，水をためるダムが必要《ひつよう》なので，発電所は内陸《ないりく》の，川の上流につくられる。火力発電所と原子力発電所は，ともに海ぞいにつくられている。外国から燃料を輸入《ゆにゅう》するので海ぞいの方が便利《べんり》で，また，海水を冷却《れいきゃく》に使《つか》えるからである。ちがうところは，火力発電所は，人口や工場の多い都市の近くにつくられているが，原子力発電所は，人口の少ないところにつくられているということである。

# レベルB問題演習

## ●情報《じょうほう》をもとに地図をつくってみよう

地図には，文字を使わないで情報《じょうほう》を伝《つた》えるために，共通《きょうつう》のきまりごととして地図記号が使われています。地図記号や地図について，あとの各《かく》問いに答えなさい。☞答えは106ページ

**問1**　地図記号は，ものの形や文字がもとになってつくられていることが多いです。次の①～⑥は，ものの形や文字がもとになっている地図記号です。①～⑥の地図記号がどのようにつくられたのかを説明《せつめい》した文を下のア～クから選《えら》び，それぞれ記号で答えなさい。

ア　発芽《はつが》した葉の形がもとになった記号で，畑をあらわしている。
イ　木の形がもとになった記号で，くわ畑をあらわしている。
ウ　稲《いね》を刈《か》り取ったあとの切り株《かぶ》の形がもとになった記号で，田をあらわしている。
エ　実の形がもとになった記号で，くだもの畑をあらわしている。
オ　とりいの形がもとになった記号で，神社をあらわしている。
カ　仏教《ぶっきょう》で使う「まんじ」の印《しるし》がもとになった記号で，寺をあらわしている。
キ　発電機《はつでんき》のタービンの形がもとになった記号で，発電所をあらわしている。
ク　歯車の形がもとになった記号で，工場をあらわしている。

**問2**　問1の①～⑥の地図記号を，次のAとBの2つにグループ分けしました。AとBは，それぞれどのようなグループでしょうか。ふさわしいものを下のア～ウから選び，それぞれ記号で答えなさい。

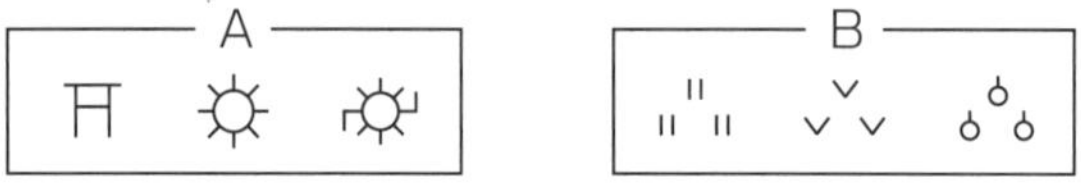


ア　土地のようすをあらわしたもの。
イ　文字を図案化《ずあんか》したもの。
ウ　建物《たてもの》をあらわしたもの。

**問3**　同じような地図記号を次のC～Eにまとめました。C～Eについて，(1)・(2)の問いに答えなさい。

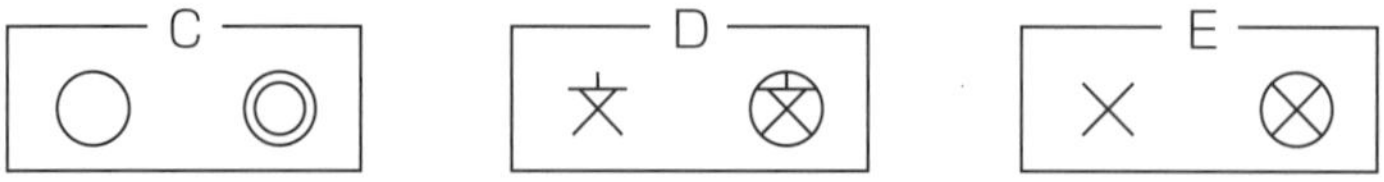

⑴　Cの「○」は「町・村役場」をあらわしています。Dの「文」と，Eの「×」は，何をあらわしていますか。下のア～エから選び，それぞれ記号で答えなさい。

ア　小・中学校　　　イ　大学　　　ウ　消防署《しょうぼうしょ》　　　エ　交番

⑵　C～Eのグループの右側《みぎがわ》の地図記号は，左側の地図記号に○がついたものだといえます。○がつくと，どうなるのでしょうか。ふさわしいものを下のア～ウから選び，記号で答えなさい。

ア　左側が県のもので，○がつくと市のものであることをしめしている。

イ　左側が県のもので，○がつくと国のものであることをしめしている。

ウ　右側のように○がつくと，より大きな，またはより上のものであることをしめしている。

**問４**　右の歌は「汽車」という小学唱歌《しょうか》です。この歌のとおりに汽車が走れるように，地図をつくろうと思います。次のように地図を一部かき始めました。ここを「今は山中」の部分になるようにして，これにつづけて地図を完《かん》成《せい》させたものとしてふさわしいものをあとの①～③から選び，番号で答えなさい。

**汽　車**
今は山中　今は浜《はま》
今は鉄橋わたるぞと
思うまもなくトンネルの
やみを通って広《ひろ》野《の》原《はら》

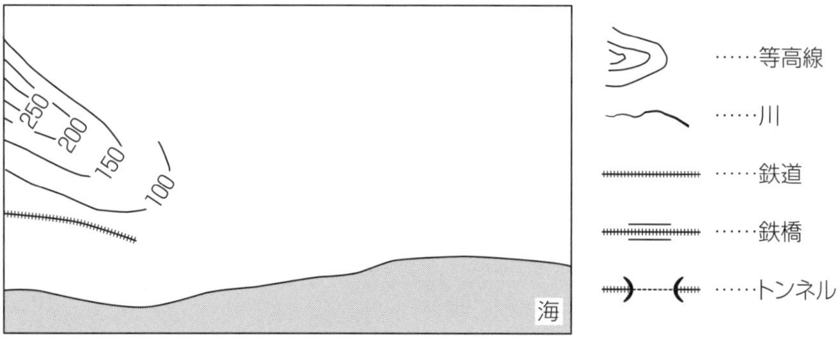


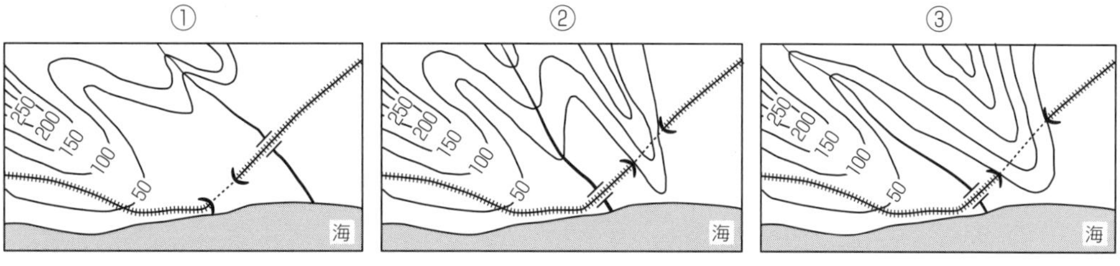

# レベルB問題演習

**問5**　ある小学校の北に小さな山があります。図1は，その小さな山を小学校から見てかいたものです。この山のA～Cの地点の高さを調べて，図2にあらわしました。これをもとにして，図3の100メートルの等高線の中に20メートルおきの等高線をかいて，この山の等高線地図を完成させなさい。

**図1**

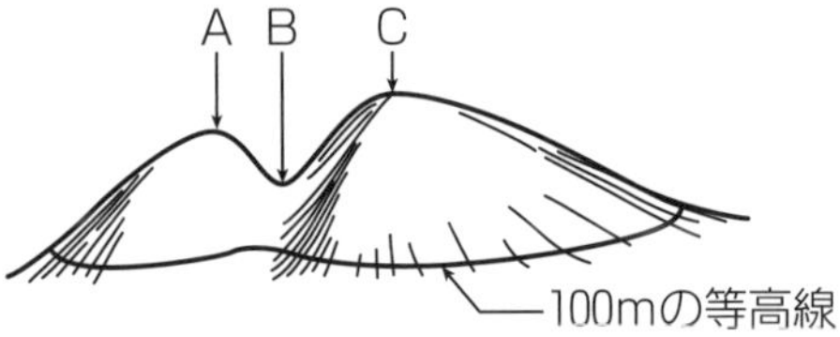


**図2**

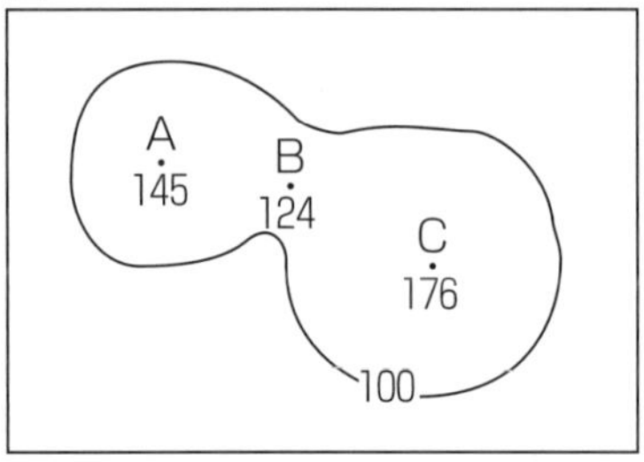


**図3**

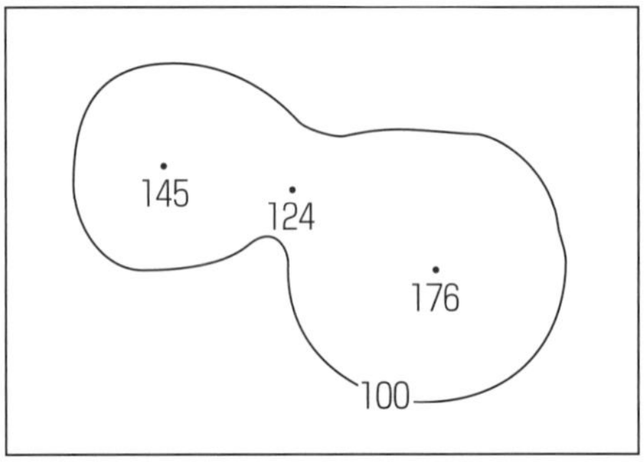


## 考えるヒント

**問4**　小学唱歌《しょうか》の「汽車」という歌は，日本の地形が小規模《しょうきぼ》で，変化《へんか》にとんでいることの例《れい》として，しばしば用いられる。そこで，この歌詞《かし》のような地図をつくってみたが，2つは地図としてふさわしくなかった。どこがふさわしくないのか，それを考えてみよう。①の地図は，鉄橋とトンネルが歌詞の順番《じゅんばん》とはぎゃくになっている。また，平地にトンネルがつくられている部分も正しくない。山があってそのままでは通れないので，トンネルが必要《ひつよう》となるのである。②の地図は，川が尾根《おね》を流れている部分が正しくない。川は低《ひく》いところを流れるので，山では谷を流れ，決して尾根を流れない。

**尾根と谷**

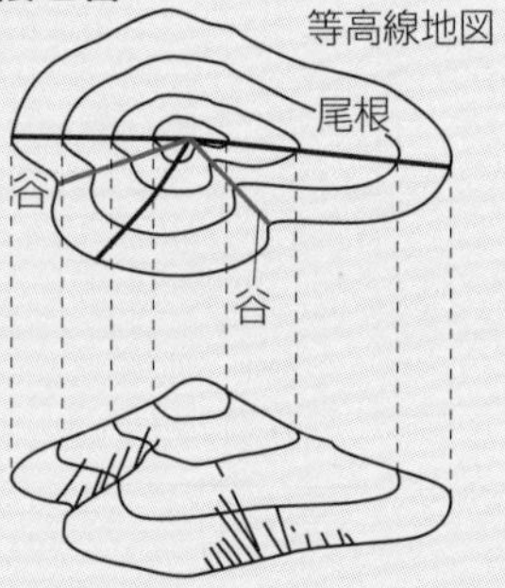

# レベルC問題演習

## ●等高線《とうこうせん》・等深線《とうしんせん》・等温線《とうおんせん》の地図を読み取ろう

◆ 次の①～③の地図は，地図上に線をえがくことによって，それぞれあることがらをあらわしています。これらの地図について，あとの各《かく》問いに答えなさい。 ☞答えは106ページ

**問1**　次の地図①は，東京都にある利島《としま》という島の土地のようすをあらわしたもので，地図中の線は高さの等しい地点を結《むす》んだものです。この地図を見て，(1)～(4)の問いに答えなさい。

(1)　地図中の線は，何mごとに引かれていますか。

(2)　地図中の寺のある場所と宮塚山《みやつかやま》の山頂《さんちょう》の高さの差《さ》はどのくらいになりますか。下のア～エから選《えら》び，記号で答えなさい。

ア　200m　　　イ　300m

ウ　400m　　　エ　500m

(3)　地図中の前浜《まえはま》の港から見て，宮塚山はどの方角に見えますか。4方位《ほうい》で答えなさい。

(4)　地図中のA――Bまでを切ったときの断面図《だんめんず》はどのような形になりますか。下のア～エから選び，記号で答えなさい。

①　利島の土地のようす

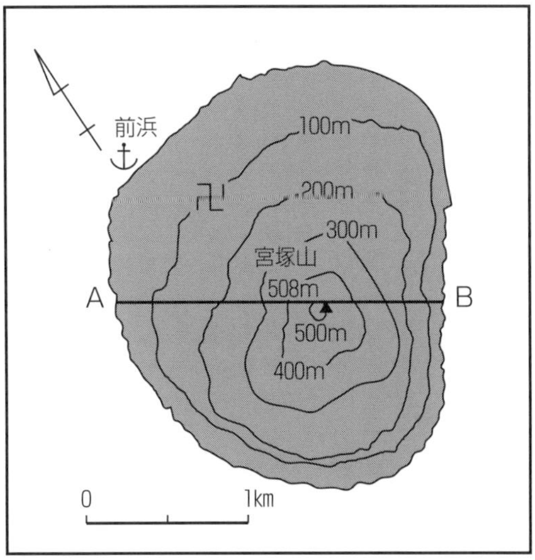


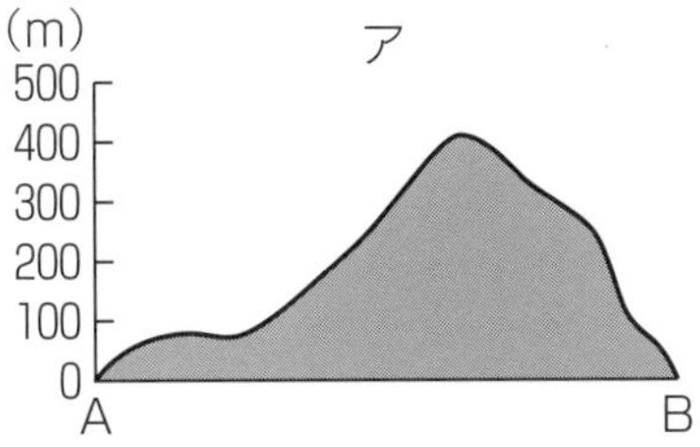


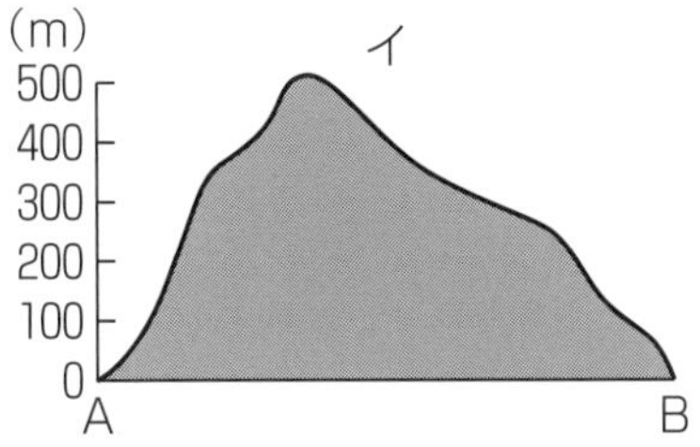


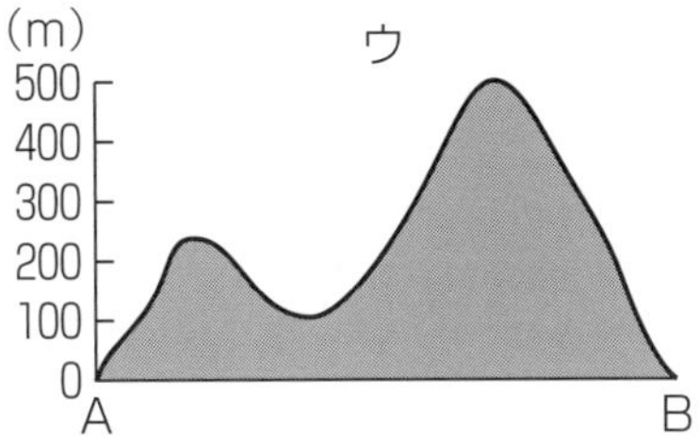


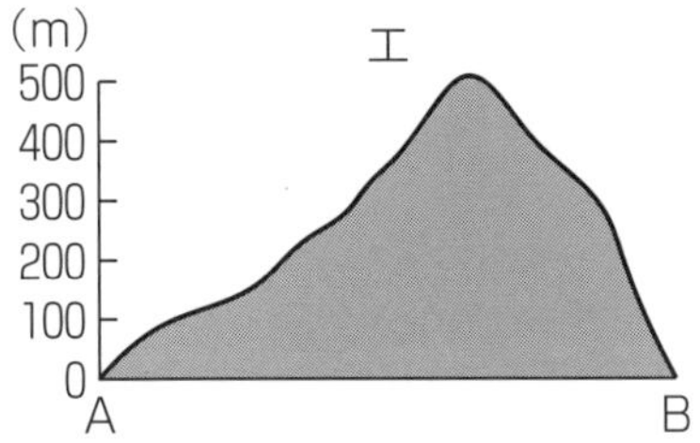

# レベルC問題演習

**問2**　次の地図②は，日本のまわりの海の底《そこ》のようすをあらわしたもので，地図中の線は深さの等しい地点を結んだものです。この地図を見て，(1)〜(3)の問いに答えなさい。

**②　日本のまわりの海の底のようす**

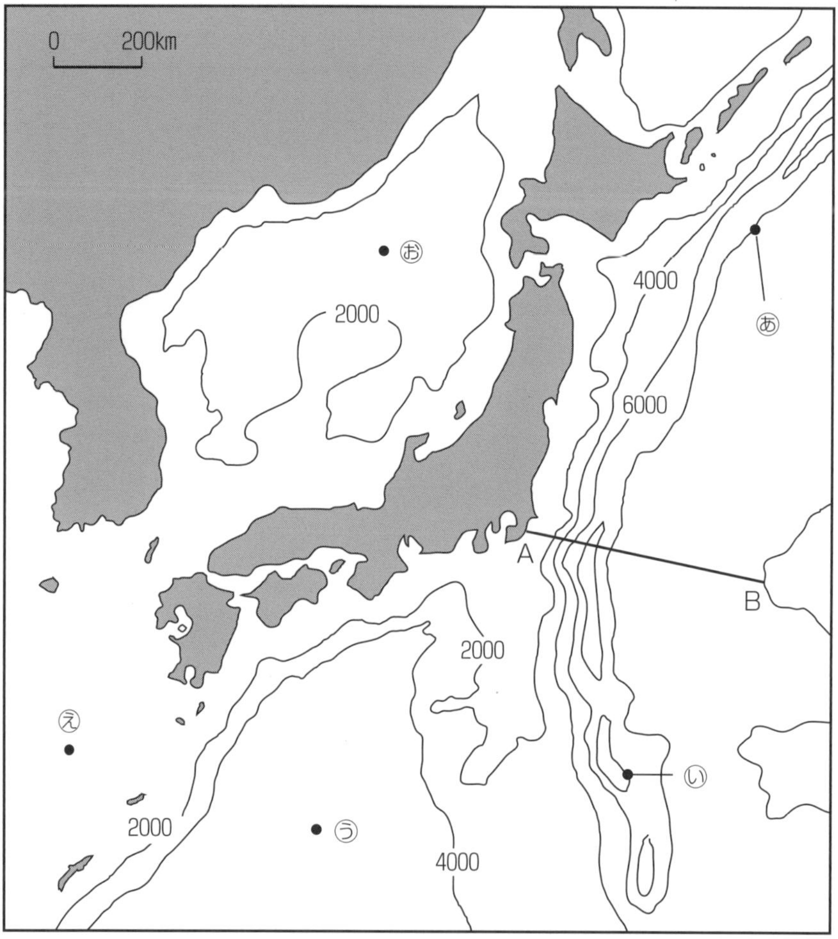


は陸地《りくち》をあらわしている。
深さをしめす線は2000mおきに引かれている。

(1)　地図中の(あ)の地点の海の深さは何mですか。地図中の数字で答えなさい。

(2)　地図中の(あ)〜(お)の中で，海の深さがもっとも深いところはどこですか。また，もっとも浅《あさ》いところはどこですか。それぞれ記号で答えなさい。

⑶　地図中のＡ――Ｂまでを切ったときの断面図はどのような形になりますか。下のア～エから選び，記号で答えなさい。

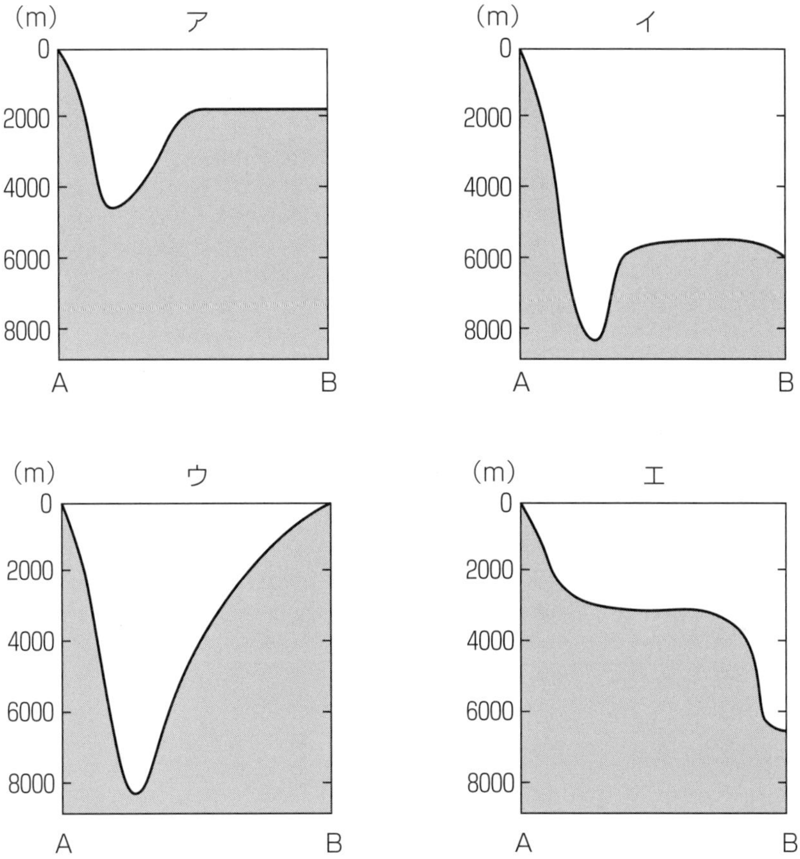

# レベルC問題演習

**問3**　次の地図③は，ある日の東京の気温のようすをあらわしたもので，地図中の線は気温の等しい地点を結んだものです。この地図を見て，(1)〜(4)の問いに答えなさい。

③　ある日の東京の気温のようす

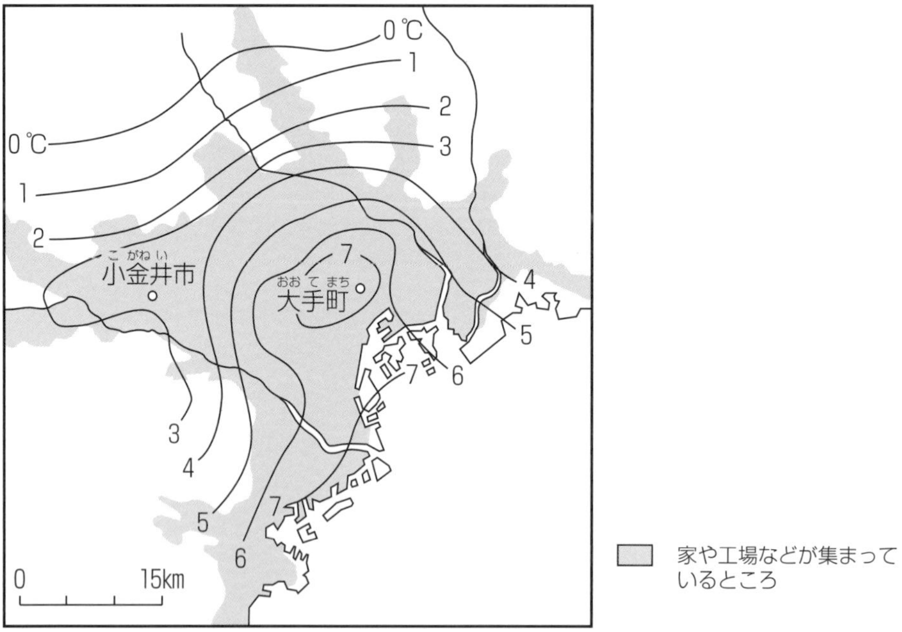


(1)　地図中の大手町《おおてまち》の気温は何度ですか。地図中の数字で答えなさい。

(2)　地図中の大手町と小金井《こがねい》市の気温の差はどのくらいになりますか。下のア〜エから選《えら》び，記号で答えなさい。

ア　2℃　　イ　4℃　　ウ　6℃　　エ　8℃

(3)　地図からわかるこのときの東京の気温のようすとして正しいものを下のア〜ウから選び，記号で答えなさい。

ア　東京の中心部とそのまわりの気温は等しい。

イ　東京の中心部からはなれるにしたがって気温は高くなる。

ウ　東京の中心部に近づくにしたがって気温は高くなる。

(4)　(3)で答えたようになる理由として正しいものを下のア〜ウから選び，記号で答えなさい。

ア　周辺《しゅうへん》の工場のけむりや自動車の排気《はいき》ガスでよごれた空気が東京の中心部をつつみ，熱《ねつ》をためこんでいるから。

イ　東京の中心からはなれたところにあるたくさんの家が暖房《だんぼう》を使っているから。

ウ　海からふきつけるつめたい風と山からふきつけるあたたかい風が東京の上空でまじり合うから。

**問4**　①～③の地図中にえがかれている線はそれぞれ何といいますか。下のア～エから選び，記号で答えなさい。

ア　等温線《とうおんせん》　　イ　等圧線《とうあつせん》　　ウ　等高線《とうこうせん》　　エ　等深線《とうしんせん》

## 考えるヒント

**問1**　(3)　方位《ほうい》記号に注意しよう。

(4)　断面図《だんめんず》は，正確《せいかく》には次のようにしてかく。

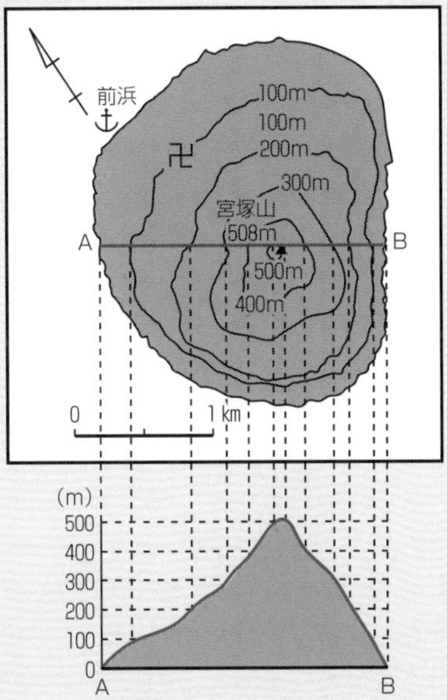


**問2**　地形のようすをあらわすためには，等しい高さの地点を線で結《むす》んだ等高線《とうこうせん》を用いるが，海底《かいてい》のようすをあらわすためには，等しい深さの地点を線で結んだ等深線《とうしんせん》を用いる。等深線は，等高線と考え方は同じだが，深さは高さと反対になることに注意しよう。

**問3・4**　等しい気温の地点を結んだ線を等温線という。家庭《かてい》や事務所《じむしょ》などから冷暖房《れいだんぼう》の熱《ねつ》が放出《ほうしゅつ》されたり，ほそう道路が太陽の熱をためこんだり，上空のよごれた物質《ぶっしつ》が熱をためこんだりして，都市では中心部の気温が高くなる。都市部の等温線をかくと，ちょうど島のようになるので，この現象《げんしょう》をヒートアイランド（ヒートは熱，アイランドは島の意味）という。

# 第2章 健康で安全なくらしをまもる

## まとめのポイント

1. 市町村の仕事をしらべてみよう。
2. 電気・水道が送られてくるしくみをしらべよう。
3. 災害《さいがい》をふせぐくふうを考えてみよう。

## キーワード

生活用水　緑のダム　白いダム
発電　節電《せつでん》　地震《じしん》　台風
リサイクル　ごみの減量《げんりょう》

## 例題　生活と水とのかかわりを考えてみよう

◆　わたしたちがふだん使っている水について，あとの各《かく》問いに答えなさい。

**問1**　グラフを見て下の文中の（　1　）～（　3　）にあてはまることばを答えなさい。

日本の人口と１年間の生活用水の使用量《しようりょう》の移《うつ》り変《か》わり

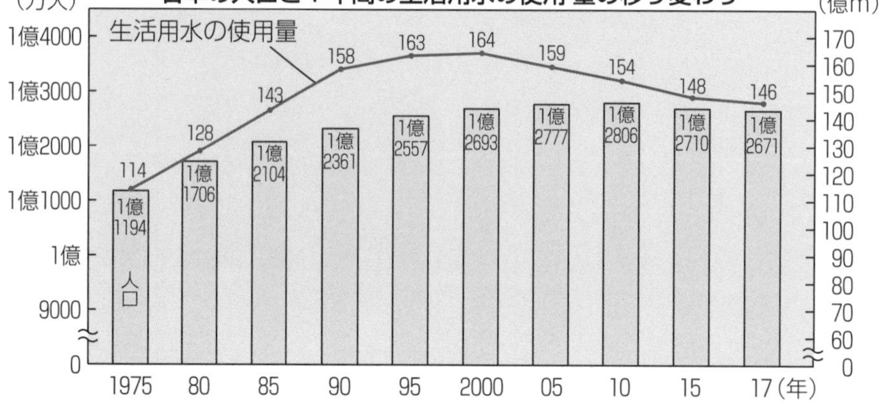


（国土交通省調べ）

上のグラフを見ると，1975年と2000年とをくらべて，人口のふえ方よりも，水の使用量のふえ方のほうが大きくなっています。これは，１人あたりの水の使用量が（　1　）いることを意味しています。

また，2000年と2010年をくらべると，人口は（　2　）いるのに水の使用量は（　3　）いるので，節水《せっすい》が進んでいることがわかります。

**問2**　次の絵は，わたしたちの家庭に水が送られてくるしくみをあらわしています。

(1)　次の①～③の文が説明《せつめい》しているしせつの名を絵の中から選《えら》び，それぞれ答えなさい。

①　川がたくさんの水を取り入れるところ
②　川から取り入れた水をきれいにするところ
③　高いところから家庭や工場に水を送るために一時的にためておくところ

(2) ダムは，いろいろなはたらきがあります。次の①・②の文中の（　　）にあてはまることばをそれぞれ答えなさい。

① 大雨のとき川の水を一時《いちどき》に流さないようにして（　　）をふせぐ。

② 水の落ちるいきおいを利用《りよう》して（　　）をおこす。

(3) 川の上流の山にはダムと同じように水をためるはたらきをし，「緑のダム」「白いダム」とよばれているものがあります。それぞれがさしているものを答えなさい。

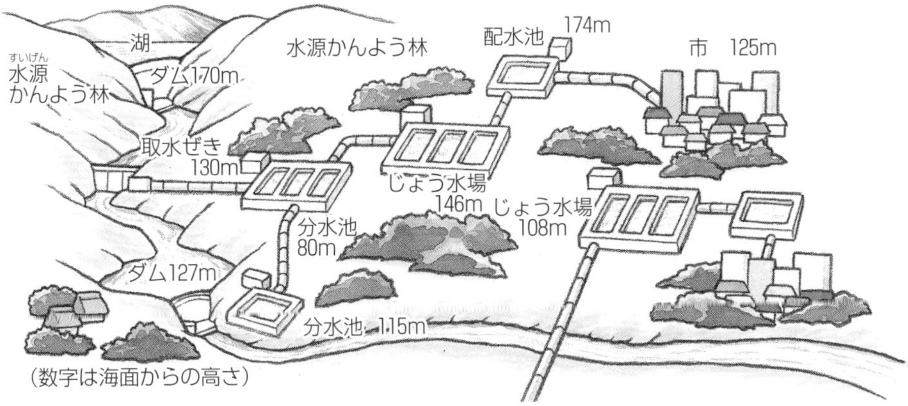


## 考え方

**問1** 1975年から2000年の25年間で，人口ののびは1.1倍，水の使用量《しようりょう》ののびは1.4倍になっています。いっぱんに，生活水準《すいじゅん》が向上するほど水の使用量はふえます。

**問2** (2)ダムには，水をためるだけでなく，洪水《こうずい》をふせいだり発電したりするはたらきもあります。このようないろいろなはたらきをするダムを多目的《たもくてき》ダムといいます。

(3)森林は，土砂《どしゃ》くずれをふせいだり，酸素《さんそ》をつくったりすると同時に，右の図のように水をたくわえるはたらきもあります。

**山にふった雨を100としたときの行き先**

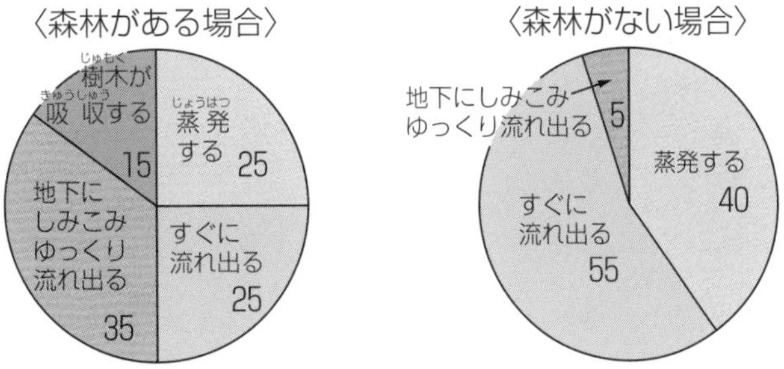


## 解答

**問1** 1 ふえて 2 ふえて 3 へって **問2** (1)①ダム ②じょう水場 ③配水池 (2)①洪水《こうずい》 ②電気 (3)(緑のダム)森林 (白いダム)雪

# レベルA問題演習

## ●火事をふせぐくふうを考えよう

**1** 次の図は，火事がおきたという連絡《れんらく》を受けた通信指令室《つうしんしれいしつ》が，火事による被害《ひがい》を大きくしないように，ほかのしせつに連絡をしているようすをあらわしたものです。この図を見て，あとの各《かく》問いに答えなさい。

☞答えは106ページ

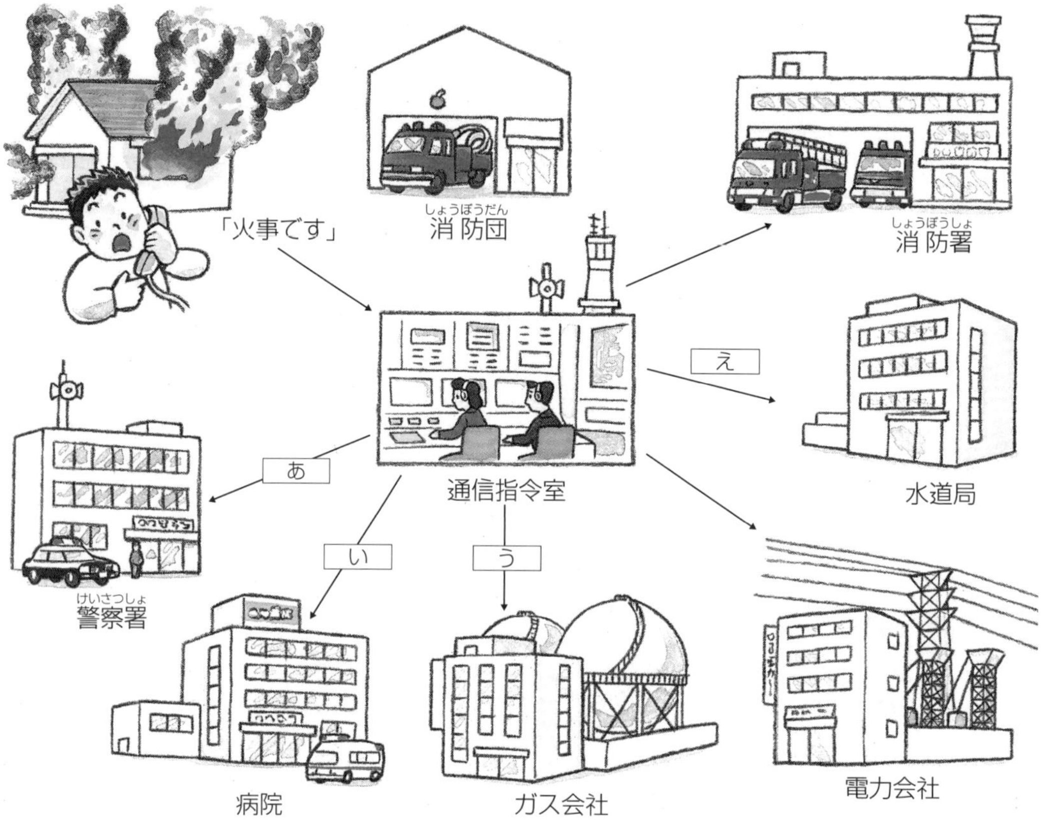


**問1**　火事がおきたことを通信指令室に連絡するときの電話番号を答えなさい。

**問2**　上の図からもわかるように通信指令室からは，ほかのしせつに連絡がされています。図中の［あ］～［え］にあてはまることばを下のア～エから選《えら》び，それぞれ記号で答えなさい。

ア　けが人をいまから運びます。

イ　交通整理をおねがいします。

ウ　圧力《あつりょく》を高めてたくさん出してください。

エ　爆発《ばくはつ》のきけんがあるのでとめてください。

**問 3**　前の図中の消防署について，(1)，(2)の問いに答えなさい。

(1)　消防署の地図記号を下のア～エから選び，記号で答えなさい。

ア

イ

ウ

エ

(2)　消防署には消防自動車のほかにも右の絵の車がおかれています。この車について，①・②の問いに答えなさい。

①　右の絵の車を何といいますか。

②　右の絵の車のはたらきとしてあてはまるものを下のア～エから選び，記号で答えなさい。

ア　消防自動車に必要《ひつよう》なガソリンや水を運ぶこと

イ　火事で焼《や》け残《のこ》った家のたんすや机《つくえ》を運ぶこと

ウ　火事でやけどをした人やけがをした人を運ぶこと

エ　火事で家を焼け出された人のために薬や食べ物を運ぶこと

**問 4**　現在《げんざい》，ビルやデパートなど，大きな建物《たてもの》の中には火事をふせぎ，人の命をまもることを第一に考えてさまざまなくふうがされています。このことについて，(1)・(2)の問いに答えなさい。

(1)　火事によって温度が一定以上《いじょう》に上がると，てんじょうから水を自動的《じどうてき》にまく装置《そうち》を何といいますか。カタカナ 7 字で答えなさい。

(2)　火事がおきても安全な場所にひなんできる非常口《ひじょうぐち》のある場所をしめすマークを下のア～ウから選び，記号で答えなさい。

ア

イ

ウ

# レベルA問題演習

**問5**　最近《さいきん》，大都市では火事をはやく消すための消防活動にいろいろな問題がおこっています。これらの問題としてあてはまらないものを下のア〜エから選び，記号で答えなさい。

ア　大都市ではビルが多いために，高い階でおきた火事の消火活動に手間取る。

イ　消防自動車が交通渋滞《じゅうたい》にまきこまれ，火事のおこっている場所に行くまで時間がかかる。

ウ　家が建《た》てこんでいる場所では，道はばがせまいので消防自動車が入りにくい。

エ　大都市では信号《しんごう》機《き》がたくさんあるため，消防自動車が赤信号でとまる回数が多くなり，消火活動がおそくなる。

**問6**　わたしたちが火事をおこさないようにするために，日ごろから注意しなければならないこととしてふさわしくないものを下のア〜エから選び，記号で答えなさい。

ア　テレビや電灯《でんとう》のスイッチをこまめに切ること

イ　石油ストーブのまわりに紙やダンボールなどをおかないようにすること

ウ　マッチやライターなどを使って火遊びをしないこと

エ　花火の燃《も》えかすやたき火をしたあとには水をかけること

## 考えるヒント

**問2**　ガス会社と水道局には，まったくぎゃくのことをたのむことになる。

**問6**　火事をおこさないための注意と節電《せつでん》や節水とはちがう。

## ●図書館の利用《りよう》のしかたを考えてみよう

**2** 小学校４年生のみちよさんは，社会科の自由研究のために，新しくできたばかりの市立図書館へ行ってくわしくしらべることにしました。図書館について，あとの各《かく》問いに答えなさい。

☞答えは106ページ

**問１**　次の図は新しい図書館ができるまでをまとめたものです。この図について，⑴～⑶の問いに答えなさい。

**図書館ができるまで**

⑴　上の図の□にあてはまる市の政治《せいじ》の最高《さいこう》の責任者《せきにんしゃ》を何といいますか。

⑵　次の図の市議会で話し合う議員《ぎいん》は，どのような人たちですか。あてはまるものを下のア～エから選《えら》び，記号で答えなさい。

ア　首相《しゅしょう》が選んだ人たち

イ　市長が選んだ人たち

ウ　住民《じゅうみん》が選挙《せんきょ》で選んだ人たち

エ　市役所につとめている人が選挙で選んだ人たち

⑶　上の図の予算は，おもにどのようなお金が使われますか。あてはまるものを下のア～エから選び，記号で答えなさい。

ア　住民が郵便局《ゆうびんきょく》にあずけている貯金《ちょきん》

イ　市役所につとめている人たちの給料《きゅうりょう》

ウ　住民がおさめる税金《ぜいきん》

エ　住民が銀行にあずけている預金《よきん》

# レベルA問題演習

**問2**　図書館においてある本には，すべて左下のようなラベルがはられていました。このラベルは，一番上の100の位《くらい》の数字が本の分類《ぶんるい》をあらわしています。また，右下の表は，この分類の一部をあらわしたものです。

たとえば，ラベルの一番上の数字の100の位は「３」なので，このラベルがはってある本は，政治や経済《けいざい》に関《かん》する本です。あとのア～エのような本をさがすには，表のどの番号のところをさがしますか。表の100の位の数字でそれぞれ答えなさい。

ラベル

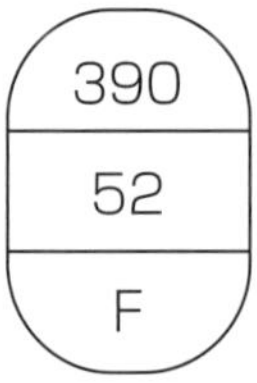


| 100の位の数字 | ことがら |
|---|---|
| 2 | 歴史《れきし》や地理に関すること |
| 3 | 政治や経済に関すること |
| 4 | 理科に関すること |
| 5 | 工業に関すること |
| 6 | 農業や商業に関すること |
| 7 | 音楽・図画工作・体育に関すること |
| 8 | ことばに関すること |
| 9 | 小説《しょうせつ》・伝記《でんき》・詩 |

ア　いろいろな地方の方言について
イ　月や星の動きについて
ウ　江戸《えど》時代の「八代将軍吉宗《しょうぐんよしむね》」が活躍《かつやく》していた世の中のようすについて
エ　夏目漱石《なつめそうせき》の書いた「坊《ぼ》っちゃん」

**問3**　図書館は本を読んだり，借《か》りたりする人のほかにもいろいろな人たちが利用《りよう》しますが，こうした人たちとしてあてはまらないものを下のア～エから選び，記号で答えなさい。
ア　いろいろな種類《しゅるい》の新聞を読む人たち
イ　大学に入るために受験《じゅけん》勉強する人たち
ウ　Ｊ《ジェイ》リーグやプロ野球をテレビで観戦《かんせん》する人たち
エ　いろいろなシステムを使って市の情報《じょうほう》を知る人たち

**問4**　市立図書館は，みちよさんの家族もよく利用します。下の表は，お父さん，お母さん，おばあさん，みちよさんが，平日によく利用する時間帯《じかんたい》を４つに分けて，■であらわしたものです。みちよさんとお父さんをあらわしたものを表中のア～エから選び，それぞれ記号で答えなさい。

| | ア | イ | ウ | エ |
|---|---|---|---|---|
| 午前9：00<br>～<br>12：00 | | ■ | | |
| 午後0：00<br>～<br>3：00 | | ■ | | ■ |
| 3：00<br>～<br>6：00 | ■ | | | |
| 6：00<br>～<br>7：30 | | | ■ | |

**問5**　図書館以外《いがい》にも，みちよさんの住む市には，○○館と名のつく市のいろいろなしせつがあります。次の①～③の文であらわされたようなときには，どのしせつを利用しますか。あてはまるしせつを下のア～エから選び，それぞれ記号で答えなさい。

①　お父さんとお母さんが有名な画家の絵の展覧会《てんらんかい》に行く。

②　みちよさんが市の古い遺跡《いせき》から発掘《はっくつ》された土器《どき》を見学に行く。

③　お姉さんが同じ市に住む人たちといっしょに手話のサークルに参加《さんか》する。

ア　博物館《はくぶつかん》　　イ　美術館《びじゅつかん》　　ウ　体育館　　エ　公民館《こうみんかん》

## 考えるヒント

**問1**　国の政治の責任者は首相《しゅしょう》（内閣総理大臣《ないかくそうりだいじん》）であるのに対して，地方の政治の責任者は首長《しゅちょう》で，都道府県では知事，市町村ではそれぞれ市長・町長・村長という。

**問4**　小学４年生は，下校してから図書館を使う。また，お父さんは，昼間仕事をしている場合が多いので，図書館を使うのは仕事が終わってからになる。

# レベルB問題演習

## ●発電所の位置《いち》や発電のしくみを考えよう

次のお父さんとけんた君の会話文やグラフについて，あとの各《かく》問いに答えなさい。

☞答えは106ページ

お父さん：最近《さいきん》は電気製品《せいひん》がふえて，生活が便利《べんり》になったな。

けんた君：うん。でも電気はどうやってつくられるの。

お父さん：1 電気をおこすおもな方法《ほうほう》としては，火力発電，水力発電，原子力発電があるんだ。1960年ごろまでは水力発電が発電の中心だったけれど，その後，火力発電が中心になったんだ。これは（ 2 ）の値《ね》だんがあまり高くなく，液体《えきたい》で運びやすかったからなんだ。だけど，1970年代に2度も（ 2 ）の値上がりや品不足《しなぶそく》がおこって，（ 2 ）にたよる割合《わりあい》をへらすようになったんだ。そして，そのころから原子力発電の発電量がふえてきたんだ。3 いまでは，これらの3つのほかにも，いろいろな発電方法があるぞ。

けんた君：発電所はどんなところにあるの。

お父さん：それは，発電の方法によってちがってくるんだ。この地図を見て考えてごらん。どうだ，何かわかったかな。

日本のおもな発電所

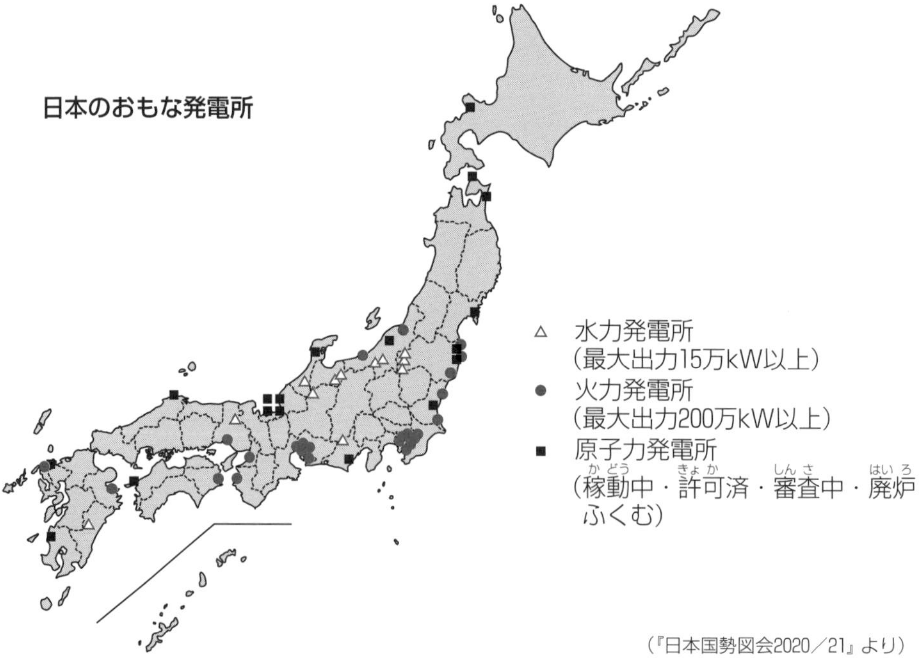


（『日本国勢図会2020／21』より）

けんた君：うん，水力発電所があるのは（ 4 ），火力発電所があるのは（ 5 ），そして原子力発電所があるのは（ 6 ）だと思う。

お父さん：よくわかっているじゃないか。ところで，電気製品を使うことで，電気の使用量《しようりょう》もふえているんだ。今度は次のグラフを見てごらん。1985年と2018年の電気の使用量を月別にあらわしているんだ。７～９月・12月・１月が多くなっているけど，何でだかわかるかな。

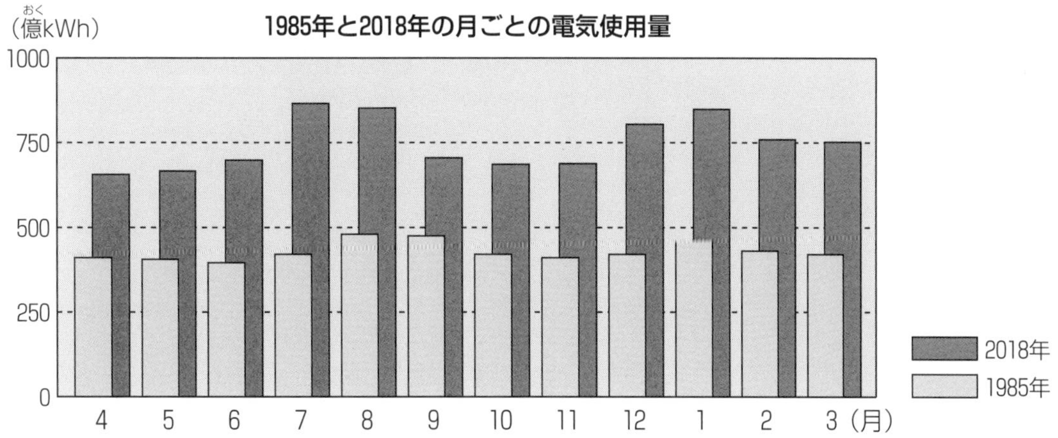

（年度表示《ひょうじ》で４月～翌《よく》年３月までの１年間，資源《しげん》エネルギー庁『エネルギー白書2020』）

けんた君：わかった。（　７　）を使うからじゃないかな。

お父さん：そのとおり。そして，１日のうちで，電気をもっとも多く使っている時間帯《たい》は（　８　）ごろなんだ。

けんた君：ふーん。ところでお父さん，1985年と比較《ひかく》すると，2018年は電気の使用量がとてもふえているよ。

お父さん：水などと同じで，電気の使用量は（　　9　　），という傾向《けいこう》があるんだ。でも，右の表を見てごらん。電気の使用量を１年ごとに見ていくと，最近は横ばいだね。

**年ごとの電気使用量**
（単位：億kWh）

| 年度 | 使用量 |
|---|---|
| 2006 | 8894 |
| 2007 | 9195 |
| 2008 | 8889 |
| 2009 | 8585 |
| 2010 | 9064 |
| 2011 | 8598 |
| 2012 | 8516 |
| 2013 | 8485 |
| 2014 | 8230 |
| 2015 | 7971 |
| 2016 | 8908 |
| 2017 | 9000 |
| 2018 | 8982 |

（年度表示で４月～翌年３月までの１年間，電気事業連合会の資料《しりょう》より）

けんた君：それは電気を（　10　）約《やく》しようという考えが広まったからでしょう。また，電気機器も（　10　）電するものがふえたよ。

お父さん：そうだね。前年にくらべて一番電気の使用量がへったのは何年かな。

けんた君：（　11　）年だよ。こんなに多くへったのはなぜだろう。

お父さん：それはね，（　　　12　　　）からだと思うよ。こういうことがなくても，13電気も限《かぎ》りある資源《しげん》だから使いすぎないようにしなければね。

けんた君：あまりゲームばかりやるなって言いたいんでしょ。

## 第2章　健康で安全なくらしをまもる

# レベルB問題演習

**問1**　会話文中の下線部１について，⑴・⑵の問いに答えなさい。

⑴　会話文をよく読んで，火力発電の発電量の割合をしめしたものを右のグラフ中のア～ウから選《えら》び，記号で答えなさい。

⑵　前の地図をよく見て，原子力発電所が多くある都道府県の名を答えなさい。

**総発電量《そうはつでんりょう》の割合《わりあい》**

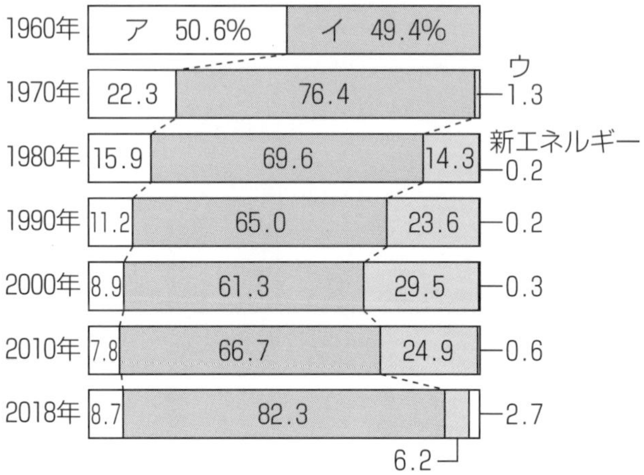


（100になるように調整していない。『日本国勢図会』など）

**問2**　会話文中の（　２　）にあてはまる，火力発電で使われる燃料《ねんりょう》を下のア～ウから選び，記号で答えなさい。

ア　石炭　　　イ　石油　　　ウ　天然《てんねん》ガス

**問3**　会話文中の下線部３について，これらの発電の中には，火山の多い日本の特色《とくしょく》をいかした発電があります。このような発電を何といいますか。下のア～エから選び，記号で答えなさい。

ア　地熱発電　　　イ　波力《はりょく》発電　　　ウ　風力発電　　　エ　太陽光発電

**問4**　会話文中の（　　　４　　　）～（　　　６　　　）にあてはまる文を下のア～オから選び，それぞれ記号で答えなさい。

ア　川が海や湖にそそぎこむ河口《かこう》の近く
イ　人のあまり住んでいない海ぞいの土地
ウ　人のあまり住んでいないはなれ島
エ　工場が多く集まった海ぞいの土地
オ　谷の深い，川の流れがはげしい山の中

**問5**　会話文中の（　７　）にあてはまる電気製品を答えなさい。

**問6**　会話文中の（　８　）にあてはまる時間帯を下のア～エから選び，記号で答えなさい。

ア　午前０時　　　イ　午前７時　　　ウ　午後３時　　　エ　午後８時

**問7**　会話文中の（　　　　9　　　　）にあてはまる文としてもっともふさわしいものを下のア～ウから選び，記号で答えなさい。

ア　教育が進んで高学歴《こうがくれき》社会になるほどふえる

イ　生活水準《すいじゅん》が向上するほどふえる

ウ　社会が高齢化《こうれいか》するほどふえる

**問8**　会話文中の（　10　）にあてはまることばを漢字１字で答えなさい。

**問9**　会話文中の（　11　）にあてはまる年代を答え，（　　　12　　　）にあてはまる文を下のア～ウから選び，記号で答えなさい。

ア　阪神《はんしん》・淡路大震災《あわじだいしんさい》があって近畿《きんき》地方の発電所が大きなダメージをこうむった

イ　東日本大震災の影響《えいきょう》で原子力発電所の事故《じこ》があり，電気の使用量をひかえるようになった

ウ　発電するための天然ガスや石油・石炭といった資源が世界的に不足し，発電できなかった

**問10**　会話文中の下線部13について，電気をむだにしないために，わたしたちができることとしてあやまっているものを下のア～エから選び，記号で答えなさい。

ア　見ていないテレビや，必要《ひつよう》のない電灯《でんとう》はこまめに消すようにする。

イ　電気すいはん器での保温《ほおん》は，あまり長い時間しないようにする。

ウ　冷房《れいぼう》するときには，冷《ひ》やしすぎないように温度を調節《ちょうせつ》する。

エ　夜中など，寝《ね》ているときには，冷蔵庫のコンセントをぬくようにする。

## 考えるヒント

**問1**　(1)　けんた君へのお父さんの説明《せつめい》に注意しよう。

**問2**　1970年代とはちがって，現在《げんざい》の火力発電は，天然《てんねん》ガス・石炭・石油の順《じゅん》に発電量《はつでんりょう》が多くなっている。

**問4**　火力発電と原子力発電は，ともに海岸近くに建設《けんせつ》されるが，発電所の分布《ぶんぷ》をあらわした地図を見て，２つの発電所の立地のちがいにも注意しよう。

**問7**　世の中がどのように変化すると電気の使用量がふえるか考えよう。

**問9**　阪神《はんしん》・淡路大震災《あわじだいしんさい》は，1995年１月17日におこり，東日本大震災《ひがしにほんだいしんさい》は，2011年３月11日におこった。

# レベルC問題演習

## ●ごみの処理《しょり》のしかたをしらべよう

**1** 次のグラフは，神奈川《かながわ》県横浜《よこはま》市の家庭ごみの量《りょう》の変化《へんか》をしめしたものです。ごみ問題について，あとの各《かく》問いに答えなさい。 ☞答えは106ページ

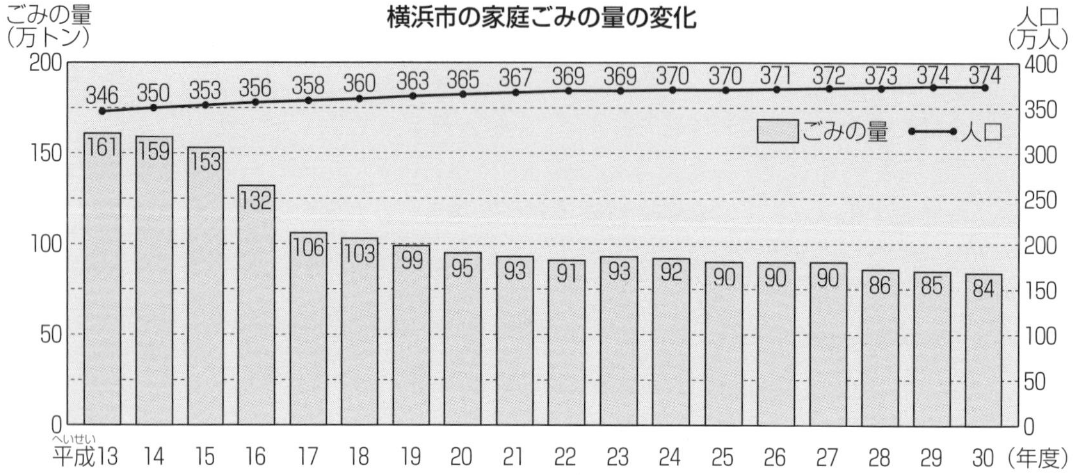


(横浜市資源《しげん》循環局《じゅんかんきょく》 小学生3R《スリム》夢学習副読本《ふくどくほん》 令和2年版《ねんばん》より作成)

上のグラフを見てみると，人口がふえていく中で出される家庭ごみの量は年を追うごとにへってきているのがわかります。もっとも多くのごみが出ていたときは［ 1 ］万トンでした。その後横浜市は平成14年度から$_1$「ヨコハマはG30」というごみを30%へらす取り組みを行った結《けっ》果《か》，平成21年度には一番多くごみが出ていたときより［ 2 ］万トンもへらすことができたのです。そして，平成22年度からは$_2$「ヨコハマ３R夢プラン」をスタートさせせました。これはごみをふやさないためや限《かぎ》りある資源《しげん》を大切に使うための取り組みです。

**問1** グラフを参考《さんこう》にして，上の文章中の［ 1 ］・［ 2 ］にあてはまる数字をそれぞれ答えなさい。

**問2** 上の文章中の下線部1について，この取り組みを行っていくためには，ごみをどのように分けて回収《かいしゅう》していくかが大切になってきます。横浜市では，家庭から出されるごみを10のグループに分けて回収しています。10のグループの中には，「燃《も》やすごみ」「燃えないごみ」「プラスチック製容器包装《せいようきほうそう》」「粗大《そだい》ごみ」があります。それぞれのグループにあたるものを次のア～エから選《えら》び，記号で答えなさい。

ア

お菓子《かし》などのふくろ

イ

たんす

ウ

電球

エ

台所から出るごみ

（横浜市資源循環局　小学生３Ｒ夢学習副読本　令和２年版より作成）

**問３**　前の文章中の下線部２について，「ヨコハマ３Ｒ夢プラン」とは，限りある資源を大切に使っていくことを目的にし，ごみの減量《げんりょう》と地球《ちきゅう》温暖《おんだん》化《か》対策《たいさく》に力を入れる取り組みです。その中の「３Ｒ」とは次にしめした図のようになります。

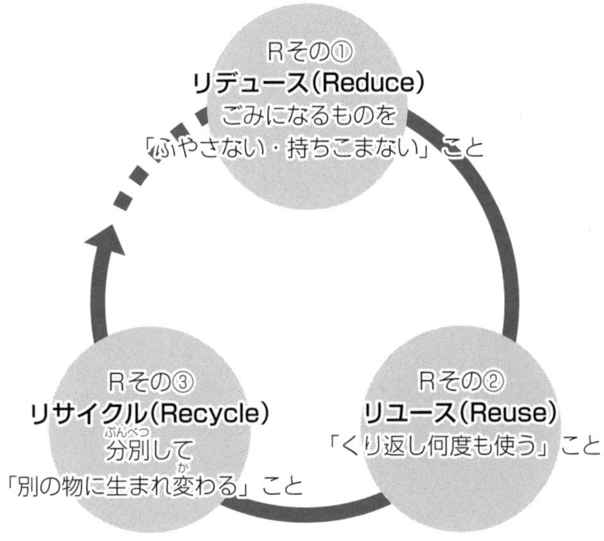
Ｒその①
リデュース(Reduce)
ごみになるものを
「ふやさない・持ちこまない」こと
Ｒその②
リユース(Reuse)
「くり返し何度も使う」こと
Ｒその③
リサイクル(Recycle)
分別《ぶんべつ》して
「別の物に生まれ変《か》わる」こと

# レベルC問題演習

下のア～オは前のRその①～Rその③に関《かん》する取り組みを説明《せつめい》したものです。Rその①～Rその③にあてはまるものをア～オからすべて選び，それぞれ記号で答えなさい。

ア　いらなくなったものは，ほしい人にゆずりましょう。

イ　包装紙などはできるだけ少なくしましょう。

ウ　資源はきちんと分けて，資源回収にまわしましょう。

エ　ごみになりにくい製品を選びましょう。

オ　こわれたら修理《しゅうり》して使いましょう。

**問4**　ごみの減量化や資源化を進めていくには，一人ひとりが分別のルールをまもってごみを出すという行動が大切だといわれています。ごみをみんなの家から出すときに行うこととしてふさわしくないものを下のア～エから選び，記号で答えなさい。

ア　ペットボトルは，キャップやラベルをはがして，中をゆすいでから出すようにする。

イ　くぎやカッターの刃《は》などの金属《きんぞく》は，燃えるごみと同じふくろにまとめて出すようにする。

ウ　まだ着ることのできる服は，ぬれるとカビが生えるので雨の日は出さないようにする。

エ　牛乳《ぎゅうにゅう》パックなどの紙パックは，開いて洗《あら》い，かわかしてから出すようにする。

**問5**　このように，横浜市はごみの出し方の意識《いしき》を変《か》えて，分別回収をできるだけ確実《かくじつ》に行うことにより，ごみの減量化と資源化につとめています。収集されたごみは，再利用《さいりよう》にまわされるごみ以外《いがい》は，焼却《しょうきゃく》工場に運ばれて焼却されます。このときに工場から出た蒸気《じょうき》の熱《ねつ》を使って行っていることがいくつかあります。どのようなことに使っているのかを1つ答えなさい。

## 考えるヒント

**問2**　横浜市では，家庭から出されるごみを10のグループに分けて回収《かいしゅう》している。内訳《うちわけ》は①燃《も》やすごみ（台所の生ごみなど），②乾電池《かんでんち》，③スプレーかん，④燃《も》えないごみ（ガラス・蛍光灯《けいこうとう》など），⑤プラスチック製容器包装《せいようきほうそう》（レジぶくろ・お菓子《かし》の包《つつ》みなど），⑥かん・びん・ペットボトル，⑦小さな金属類《きんぞくるい》（なべ・カッターの刃《は》など），⑧古紙（新聞紙・紙パックなど），⑨古布《こふ》（衣類《いるい》・毛布《もうふ》など），⑩粗大《そだい》ごみ（たんす・自転車など）となっている。⑩の粗大ごみを出すときには，「粗大ごみ受付《うけつけ》センター」に申しこみをしてから「粗大ごみ処理券《しょりけん》」を買い，粗大ごみにはって取りにきてもらう形になっている。

**問5**　焼却《しょうきゃく》工場のごみ処理の際《さい》に発生した蒸気《じょうき》を使って，公共施設《こうきょうしせつ》の温水プールやお風呂《ふろ》をわかしたり，冷暖房《れいだんぼう》に使ったりしている。また，蒸気の力を利用《りよう》してタービンをまわして電気をつくり，焼却工場で利用し，あまった電気は電力会社に売ったりもしている。

物知りコラム①

# しらべて 分けて リサイクルしよう！

(^o^) 手軽に飲み物が買えて持ち歩けたり，衛生的《えいせいてき》に個包装《こほうそう》されたお菓子《かし》が食べられたり。そんなくらしは便利《べんり》ですが，限《かぎ》りある資源《しげん》がどんどん使われてごみもふえてしまいますね。そこで，ごみを分別回収《ぶんべつかいしゅう》して再《さい》資源化するリサイクルが始まりました。種類《しゅるい》ごとに決まったリサイクルマークがありますが，身のまわりにはどんなマークが見つかるでしょうか。

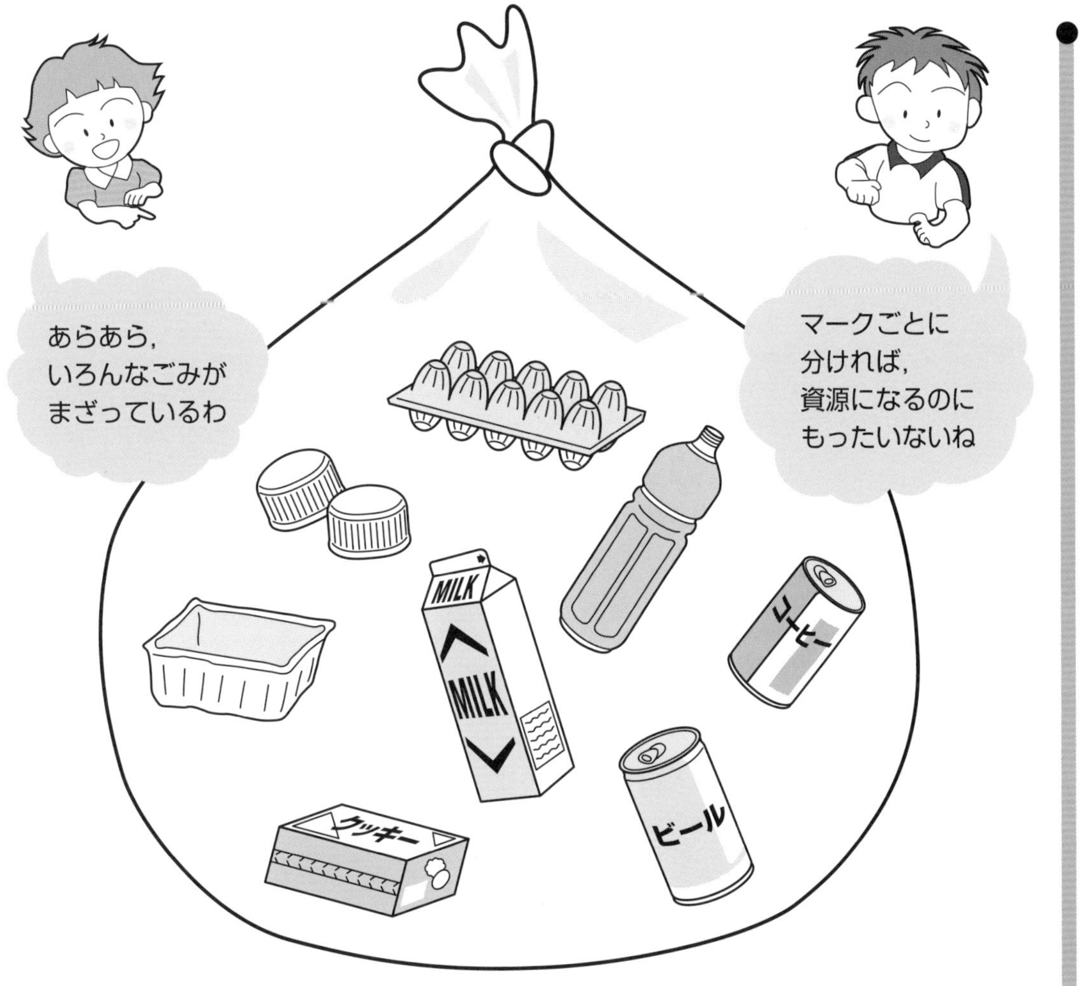
あらあら，
いろんなごみが
まざっているわ
マークごとに
分ければ，
資源になるのに
もったいないね
MILK
MILK
コーヒー
ビール
クッキー

●ふくろの中のものにはそれぞれどんなマークがついているかな？

スチール
アルミ
プラ
1
PET
紙
紙パック

| スチールかん | アルミかん | プラスチック製《せい》容器《ようき》包装 | ペット樹脂《じゅし》 | 紙製容器包装 | 飲料·酒類用紙パック（アルミ不使用《ふしよう》） |
|---|---|---|---|---|---|

# レベルC問題演習

## ●地震《じしん》や台風について考えてみよう

**2** わたしたちはだれもが安全な生活を送りたいとねがっています。しかし，日本は，地震《じしん》や台風をはじめとするさまざまな災害《さいがい》におそわれます。日本をおそった地震や台風について，あとの各《かく》問いに答えなさい。

☞答えは107ページ

**問1** 次の表は，日本をおそったおもな地震をしめしたものです。これについて，(1)〜(6)の問いに答えなさい。

おもな地震

| 年　月 | 地　震　の　名 | 死者（人） | こわれた建物《たてもの》(戸) |
|---|---|---|---|
| 1923年9月 | ※関東大地震……① | 約105000 | 約420000 |
| 1964年6月 | 新潟《にいがた》地震……② | 26 | 8600 |
| 1968年5月 | 十勝沖《とかちおき》地震……③ | 52 | 3677 |
| 1983年5月 | 日本海中部地震……④ | 104 | 3101 |
| 1993年7月 | 北海道南西沖地震……⑤ | 202 | 994 |
| 1995年1月 | ※兵庫《ひょうご》県南部地震……⑥ | 6434 | 256312 |
| 2004年10月 | 新潟《にいがた》県中越《ちゅうえつ》地震……⑦ | 68 | 16985 |
| 2007年7月 | 新潟県中越沖地震……⑧ | 15 | 7041 |
| 2011年3月 | ※東北地方太平洋沖地震……⑨ | 19729 | 404937 |
| 2016年4月 | 熊本《くまもと》地震……⑩ | 373<br>(関連死ふくむ) | 43386 |

※関東大地震により引きおこされた災害を「関東大震災」という。同様に兵庫県南部地震による災害を「阪神《はんしん》・淡路《あわじ》大震災」，東北地方太平洋沖地震による災害を「東日本大震災」という。表の数値《すうち》は（気象庁ウェブサイトなどより）

(1) 上の表中の地震のうち，こわれた建物《たてもの》の数がもっとも多かったものと少なかったものを①〜⑩から選《えら》び，それぞれ番号で答えなさい。

(2) 地震がおこると，マグニチュードと震度《しんど》が発表されます。マグニチュードは地震の規《き》模《ぼ》をあらわしますが，震度は何をあらわしていますか。下のア〜ウから選び，記号で答えなさい。

ア　震源《しんげん》の深さ　　イ　震源とのきょり　　ウ　ゆれの強さ

(3) 被害《ひがい》の大きかった地震は，どのようなところでおこったものですか。上の表を参考《さんこう》にして，ふさわしいものを下のア〜ウから選び，記号で答えなさい。

ア　大都市の近くでおこった地震
イ　交通の不便《ふべん》なところでおこった地震
ウ　まわりを山にかこまれたところでおこった地震

(4)　地震は，そのゆれがおさまったあとにも，ほかの災害を引きおこすことがあります。とくに海岸近くの人びとが気をつけなければならないことは何ですか。下のア～エから選び，記号で答えなさい。

ア　津波《つなみ》　　イ　なだれ　　ウ　高潮《たかしお》　　エ　赤潮《あかしお》

(5)　(4)で答えたものによる被害が大きくなるところは，山地が海にしずんでできた，入り組んだ海岸近くです。このような海岸の広がるところを下の地図中のア～エから選び，記号で答えなさい。また，この海岸の種類を答えなさい。

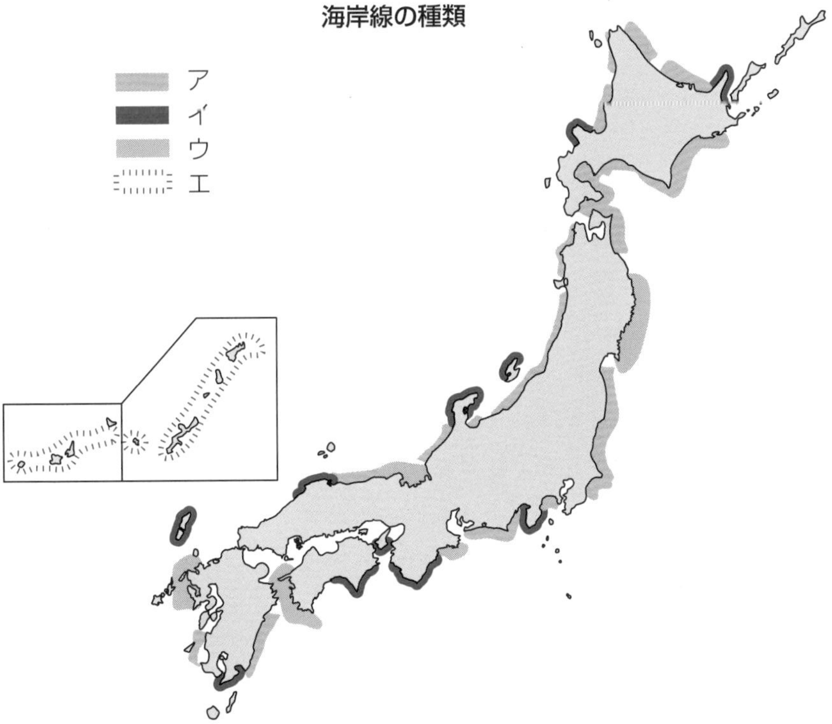


(6)　次のA～Cの説明《せつめい》にあてはまる地震を前の表中の①～⑩から選び，それぞれ番号で答えなさい。

A　この地震は，昼食の準備《じゅんび》をしていた午前11時58分におこったため，火災《かさい》が各地で発生しました。また，さまざまなうわさも飛《と》びかい，人びとがこんらんしました。日本では災害をふせぐために，この日を防災《ぼうさい》の日としています。

B　この地震は，午前5時46分に活断層《かつだんそう》が動いておこりました。大都市の直下でおこった地震で，気象庁《きしょうちょう》の観測《かんそく》史上初《しじょうはじ》めての震度7の激震《げきしん》を記録《きろく》し，高速道路が横だおしになったり，都市機能《きのう》がまひしたりしました。

C　この地震は，三陸沖を震源とするマグニチュード9.0の大規模な地震で，青森《あおもり》・岩《いわ》手《て》・宮城《みやぎ》3県の太平洋岸は津波で壊滅的《かいめつてき》な被害をこうむりました。

# レベルC問題演習

**問2**　次の表は，日本をおそったおもな台風をしめしたものです。これについて，(1)～(4)の問いに答えなさい。

**おもな台風**

| 年　月 | 台　風　の　名 | 死者(人) | こわれた建物(戸) |
|---|---|---|---|
| 1934年□月 | 室戸《むろと》台風……………①| 3036 | 92740 |
| 1945年□月 | 枕崎《まくらざき》台風……………② | 3756 | 89839 |
| 1947年□月 | カスリーン台風…………③ | 1930 | 9298 |
| 1954年□月 | 洞爺丸《とうやまる》台風……………④ | 1761 | 207542 |
| 1958年□月 | 狩野川《かのがわ》台風……………⑤ | 1269 | 16743 |
| 1959年□月 | 伊勢湾《いせわん》台風……………⑥ | 5098 | 833965 |

死者にはゆくえ不明者をふくむ。

(1)　台風の説明としてふさわしくないものを下のア～ウから選び，記号で答えなさい。

ア　台風は，南の赤道近くの海上で発生します。

イ　台風は，強い雨や風をともないます。

ウ　台風は，その中心部でもっとも風や雨が強くなります。

(2)　上の表中の□には，すべて同じ月があてはまります。□にあてはまる月を下のア～エから選び，記号で答えなさい。

ア　3（月）　　イ　6（月）　　ウ　9（月）　　エ　12（月）

(3)　台風は，さまざまな災害をもたらします。とくに海岸近くの人びとが気をつけなければならないことは何ですか。下のア～エから選び，記号で答えなさい。

ア　なだれ　　イ　高潮　　ウ　黒潮《くろしお》　　エ　潮目《しおめ》

(4)　次の文は，表中の①・②・⑥の台風を説明したものです。①・②・⑥の台風の進路を右の地図中のA～Dから選び，それぞれ記号で答えなさい。

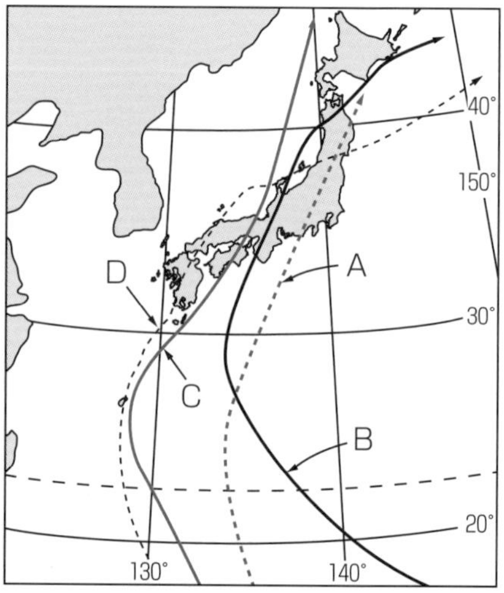


①　この台風は，最低気圧《さいていきあつ》911.9ヘクトパスカルという気象庁の観測史上最大の大型《おおがた》台風でした。高知《こうち》県室戸岬《むろとみさき》に上陸《じょうりく》し，滋賀《しが》県では列車を転ぷくさせて多くの死者を出しました。

② この台風は，九《きゅうしゅう》州南部に上陸して中《ちゅうごく》国地方を通り，日本海《にほんかい》にぬけたあとふたたび東北《とうほく》地方中部を横断《おうだん》して，大きな被害を出しました。

⑥ この台風は，紀伊《きい》半島に上陸した台風で，一度日本海にぬけたあと，東北地方北部にふたたび上陸しました。伊勢湾《いせわん》では台風の上陸と満潮《まんちょう》がかさなったため，海面が5m も高くなり，明治以降《めいじいこう》最大の被害をもたらしました。

**問3** 地震や台風をふせぐくふうについて，(1)・(2)の問いに答えなさい。

(1) 地震による被害を少なくするための方法《ほうほう》としてふさわしくないものを下のア〜ウから選び，記号で答えなさい。

ア 地震によって火災がおこっても燃《も》え広がらないように，燃えにくい材料《ざいりょう》を使った住宅《じゅうたく》をつくる。

イ 地震がおこったときにひなん場所としても利用《りよう》できるように，緑にかこまれた広い公園や運動場をつくる。

ウ 地震のゆれを吸収《きゅうしゅう》できるように，地盤《じばん》のやわらかいところにビルや住宅を建てるようにする。

(2) 台風による洪水《こうずい》の被害を少なくする方法としてふさわしくないものを下のア〜ウから選び，記号で答えなさい。

ア 川の上流に植林して森林を多くする。

イ 地面をコンクリートやアスファルトでほそうする。

ウ 川底《かわぞこ》の土や砂《すな》を取りのぞいて川底を深くする。

## 考えるヒント

**問1** (2) 地震の規模《きぼ》の大きさをマグニチュードという。マグニチュードが大きくても，遠くでおこった地震ならば，ゆれや被害《ひがい》は小さい。

(4) 津波《つなみ》は地震によって引きおこされ，高潮《たかしお》は台風によってもたらされる。

(5) リアス海岸は，津波のエネルギーが一か所に集中するので，リアス海岸近くでは津波の被害が大きくなりやすい。

**問2** (1) 赤道付近で発生した熱帯低気圧《ねったいていきあつ》のうち最大風速《ふうそく》17.2m／秒以上のものを台風という。

(4) 台風の説明の中の地名をもとにして進路を考えよう。

**問3** (1) 地盤《じばん》のやわらかいところは，地震がおこったとき，とくにゆれが大きくなる。

# 第3章 物をつくったり売ったりする仕事をしらべる

## まとめのポイント

1. 農業生産《せいさん》のようすをしらべてみよう。
2. 食品加工のようすをしらべてみよう。
3. 農業や工業の仕事を結《むす》びつける商業の仕事を考えてみよう。

## キーワード

しろかき　トラクター　コンバイン
機《き》械《かい》化《か》貧乏《びんぼう》　スーパーマーケット
デパート　コンビニエンスストア
保《ほ》存《ぞん》食《しょく》　銀行　郵便局《ゆうびんきょく》

## 例題　米づくりのむかしといまをくらべてみよう

◆　わたしたちの主食は米です。米づくりについて，あとの各《かく》問いに答えなさい。

**問1**　次の図は，米づくりの順序《じゅんじょ》をしめしたものです。図中のA～Dにあてはまる作業を下のア～エから選《えら》び，それぞれ記号で答えなさい。

米づくりの順序（時期は地域《ちいき》によって多少ちがってきます。）

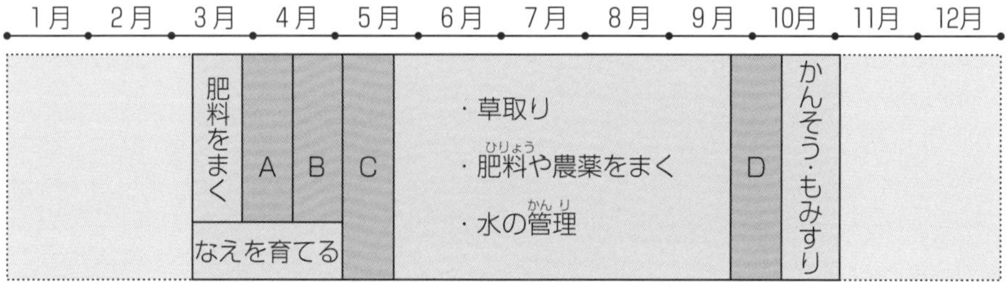


ア　田植え　　イ　田おこし　　ウ　いねかり・だっこく　　エ　しろかき

**問2**　次の絵は，むかしの米づくりのようすをあらわしたものです。これについて，(1)・(2)の問いに答えなさい。

①

②

③

(1)　上の①～③の農作業は，いまではどのように行っていますか。下のア～ウから選び，それぞれ記号で答えなさい。

ア

イ

ウ

(2) 農作業がこのようになったことで，農家にはどのような変化《へんか》がうまれましたか。その変化としてふさわしくないものを下のア～ウから選び，記号で答えなさい。

ア　農作業が楽になった。

イ　農作業にお金がかかるようになった。

ウ　米の成長《せいちょう》がはやくなった。

**問3**　わたしたちは，いねから米を収穫《しゅうかく》するだけでなく，そのあとに残《のこ》ったわらもいろいろなものに利用《りよう》してきました。このようなわらでつくられた製品《せいひん》を下のア～オから2つ選び，記号で答えなさい。

ア　げた　　イ　なわ　　ウ　かわら　　エ　うちわ　　オ　むしろ

## 考え方

**問1**　農家は，米をつくるために，最初《さいしょ》に肥料《ひりょう》をまき，田をおこします。そして，田植えの前に水を入れて，田の土をよりこまかくし，平らにならします。この作業をしろかきといいます。

**問2**　(1)むかしは，牛や馬にすきを引かせて田をおこしていました。いまでは，トラクターが使われています。また，田植えは田植え機《き》を使い，いねかりは，いまではだっこくも同時に行うコンバインという機械《きかい》を使っています。

(2)このように農作業に機械を用いるようになったことで，次のグラフのように作業時間は短くなって楽になりましたが，ぎゃくに「機械化貧乏《びんぼう》」といって機械にかかる借金《しゃっきん》のしはらいに追われる農家もあります。

**米づくりの機械化によるはたらく時間の移《うつ》り変《か》わり（10 a《アール》あたり）**

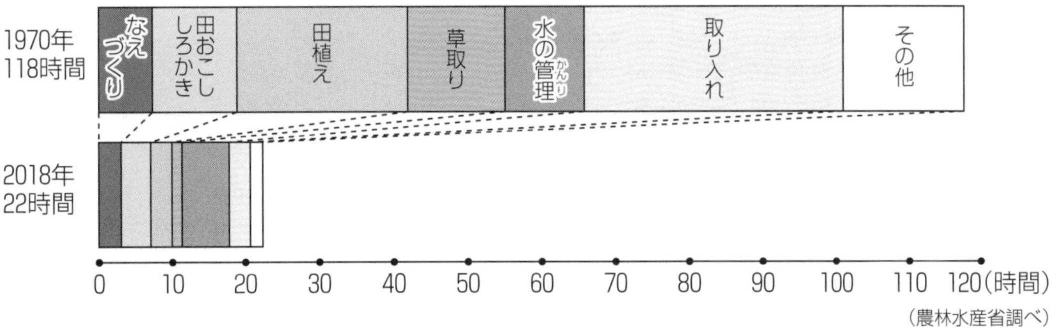


（農林水産省調べ）

## 解答

問1　Aイ　Bエ　Cア　Dウ　　問2　(1)①ウ　②イ　③ア　(2)ウ

問3　イ・オ

# レベルA問題演習

## ●米づくりの仕事をしらべてみよう

**1** 日本の米づくりについて，次の図を見て，あとの各《かく》問いに答えなさい。 ☞答えは107ページ

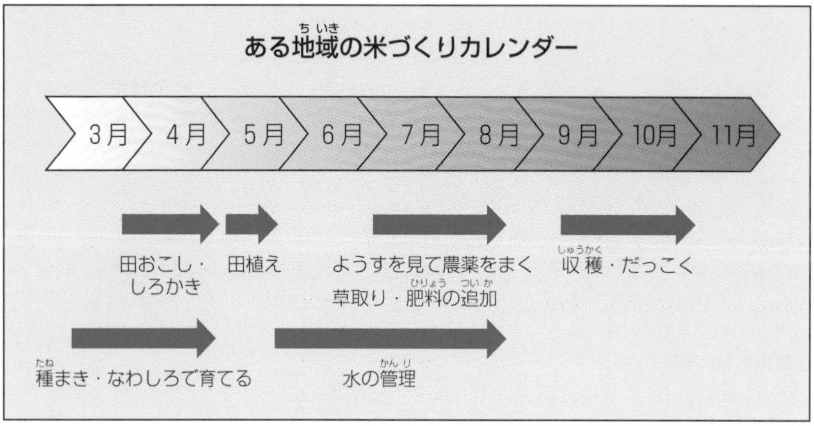


**問1**　図中の田おこし，田植え，収穫の時期に使う機械《きかい》としてふさわしいものを下のア～ウから選《えら》び，それぞれ記号で答えなさい。

ア

イ

ウ

**問 2**　図中のしろかき，だっこくについて説明《せつめい》したものを下のア～エから選び，それぞれ記号で答えなさい。

ア　水田の水をぬき，田をかんそうさせること。

イ　ビニールハウスに種をまいた箱をならべて，なえを育てること。

ウ　田に水を引き入れ，土をくだいて，平らにならすこと。

エ　米を穂《ほ》から取り外すこと。

**問 3**　図中の水の管理は米づくりにはとても大事な作業です。水田に水をはる理由としてふさわしくないものを下のア～エから選び，記号で答えなさい。

ア　田植えの時期には，水温よりも気温のほうが低《ひく》いため，なえを寒さからまもることができる。

イ　水を田にはっておくことで，しっかりと根づいていないなえが強風でたおされるのをふせげる。

ウ　水を田にはっておくことで，雑草《ざっそう》が生えにくくなり，また，雑草が生えても土がやわらかいため取りやすくなる。

エ　いねを育てている間，つねに同じ量《りょう》の水を田にはっておくと，水からの栄養《えいよう》分を吸《きゅう》収《しゅう》し，味のよい米ができる。

**問 4**　米づくりの中で，次の写真のようにアイガモを田に放つ農家もあります。このようにアイガモを田に放つ理由としてふさわしくないものをあとのア～エから選び，記号で答えなさい。

ア　アイガモがいねの生育にとって有害《ゆうがい》な雑草や害虫を食べてくれるので農薬をへらして栽培《さいばい》できる。

イ　アイガモの排泄物《はいせつぶつ》が養分となるので，化学肥料などをへらしていねを生長させることができる。

ウ　アイガモが泳いだり，歩いたりすることで，土がたがやされるため，来年以降《いこう》，田おこしをする手間がかからない。

エ　アイガモが泳ぎながらくちばしや足で水田の泥水《どろみず》をかき回して，水田に酸素《さんそ》をもたらしてくれる。

# レベルA問題演習

**問5**　米づくりカレンダーを見ると，いねを種から育てて収穫するまでにはさまざまな作業があることがわかります。次のグラフは，米づくりのおもな作業別労働時間《さぎょうべつろうどう》をしめしたものです。これを見ると，この50年間でどの作業も労働時間が短くなっています。このように労働時間が短くなった理由を説明《せつめい》しなさい。

**米づくりのおもな作業別労働時間**（10a《アール》あたり）

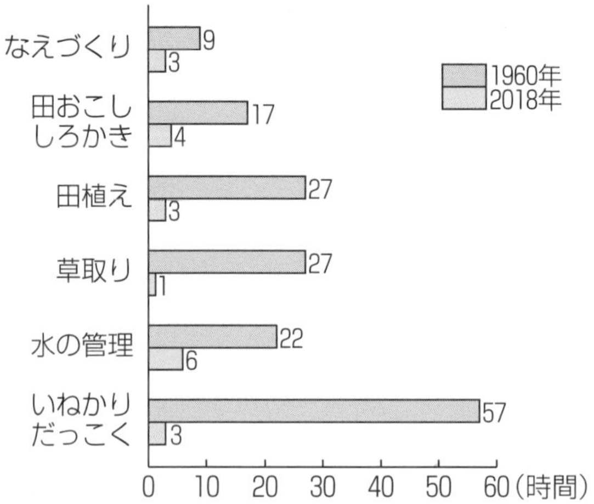


（農林水産省《すいさんしょう》の資料《しりょう》をもとに作成《さくせい》）

**問6**　次の表は，都道府県別《とどうふけんべつ》の米の収穫量とおもな品種をしめしたものです。この表について，(1)・(2)の問いに答えなさい。

**都道府県別の米の収穫量（上位《じょうい》5位）とおもな品種《ひんしゅ》**

| 順位《じゅんい》 | 都道府県 | 収穫量（トン） | おもな品種 |
|---|---|---|---|
| 1位 | （　1　） | 646100 | コシヒカリ　こしいぶき　ゆきんこ舞《まい》 |
| 2位 | 北海道《ほっかいどう》 | 588100 | （　3　）　ゆめぴりか　きらら397 |
| 3位 | （　2　） | 526800 | あきたこまち　めんこいな　ひとめぼれ |
| 4位 | 山形県《やまがた》 | 404400 | （　4　）　つや姫《ひめ》　ひとめぼれ |
| 5位 | 宮城県《みやぎ》 | 376900 | ひとめぼれ　まなむすめ　ササニシキ |

（令和元年米穀安定供給確保支援機構の資料をもとに作成）

⑴　（　1　）・（　2　）にあてはまる都道府県の名をそれぞれ答えなさい。

⑵　（　3　）・（　4　）にあてはまる品種の名を下のア～エから選び，それぞれ記号で答えなさい。
ア　キヌヒカリ　　イ　はえぬき　　ウ　ヒノヒカリ　　エ　ななつぼし

## 考えるヒント

**問2**　しろかきとは，田に水を引き入れ，土をくだいて平らにする作業のことをいう。だっこくとは，米を穂《ほ》から取り外す作業のことをいう。アの，水田の水をぬきかんそうさせることを中干《なかぼ》しといい，夏に行う。土の中に新鮮《しんせん》な酸素《さんそ》を取りこむことができるので，根ぐされをふせぎ，土の中の有害《ゆうがい》ガスなどをぬくことができる。イは田植えの前の作業で，専用《せんよう》の箱に土を入れ，種《たね》をまき，芽《め》が出て小さななえになるまでビニールハウスを使って育てる。

**問3**　水田の水の管理《かんり》は米づくりのための大事な作業の1つである。水温は，気温にくらべて温度が一定しているので，田植えをする時期には，なえを外の寒さからまもることができる。一方，夏は気温よりも水温のほうが低《ひく》いので，水によっていねを猛暑《もうしょ》からまもることもできる。また，水をはることでなえが強風でたおれるのをふせぐ役割《やくわり》もある。

**問4**　田にアイガモを放っていねを栽培《さいばい》する方法をアイガモ農法という。田になえを植えてから，アイガモのヒナを水田に放つと，アイガモは，いねは食べずに害虫や雑草《ざっそう》などを食べる。また排泄物《はいせつぶつ》は養分になるので，農薬や化学肥料《ひりょう》の使用をへらしていねを育てることができる。

# レベルA問題演習

## ●みかんづくりに適《てき》した土地や気候《きこう》を考えよう

**2** 次の地図は，みかんのとれ高が５万トン以上の５県のとれ高をしめしたものです。これについて，あとの各《かく》問いに答えなさい。

☞答えは107ページ

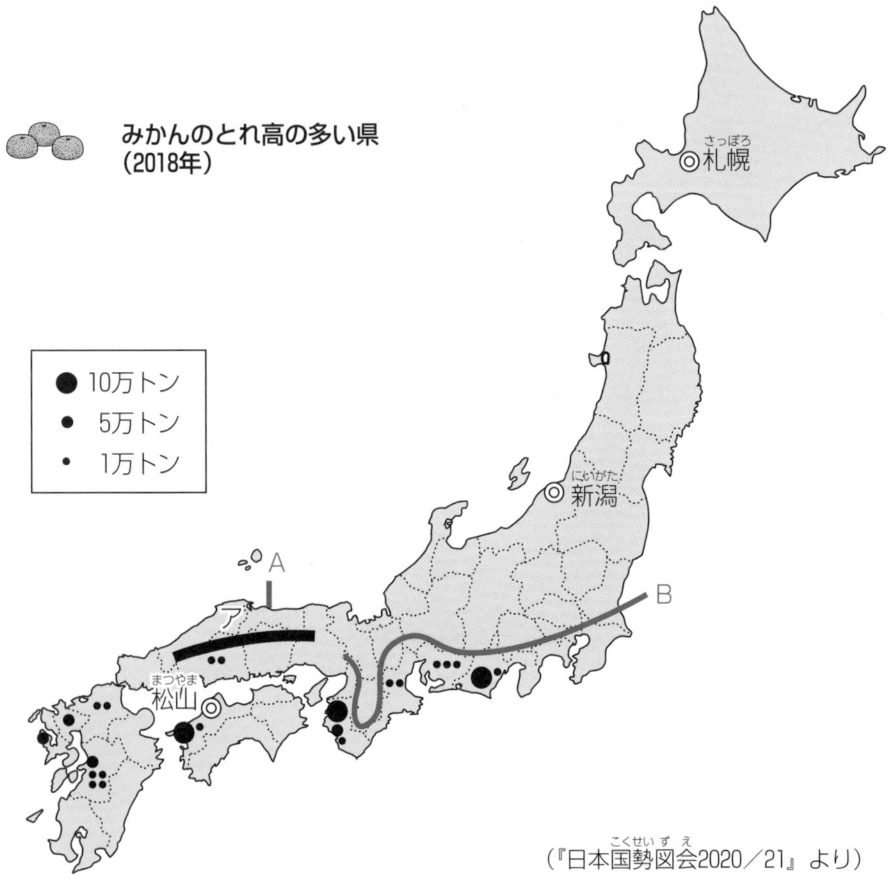


(『日本国勢図会《こくせいずえ》2020／21』より)

**問１**　みかんのとれ高がもっとも多い県の名とそのとれ高を答えなさい。

**問2**　みかんはあたたかい気候《きこう》が適《てき》したくだものです。このことについて，(1)・(2)の問いに答えなさい。

(1)　みかんがつくられているところは，だいたい前の地図中のA――Bの線の南側《みなみがわ》の地域《ちいき》で，A――Bの線は年平均《へいきん》気温が同じところを結《むす》んだ線です。地図中ではこの線が一部ぬけています。ぬけている線を下のア～ウから選《えら》び，記号で答えなさい。

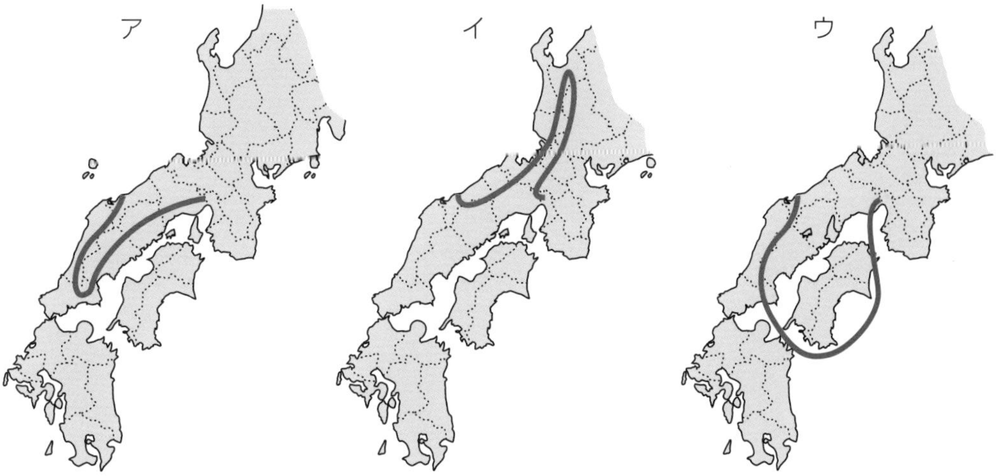


(2)　近畿《きんき》地方より西の線が，上の(1)のような形になるのは，近畿地方の西に（ ア ）山地があって海抜《かいばつ》高度が高いため，まわりの地域よりも気温が（ イ ）いからです。

（ ア ）にあてはまる山地の名と，（ イ ）にあてはまることばをそれぞれ答えなさい。

**問3**　みかんのとれ高の多い県は，すべて海に面しています。海に面しているとどのようなよいことがありますか。ふさわしいものを下のア～ウから選び，記号で答えなさい。

ア　海からの反射光《はんしゃこう》があって，日あたりがよりよくなるから。

イ　海からの潮風《しおかぜ》がいつもふいて，木や葉に十分な栄養《えいよう》をあたえるから。

ウ　海から水をえやすく，いろいろな作業に便利《べんり》だから。

**問4**　みかんには，降水量《こうすいりょう》が少ない気候が適しています。降水量が少ないほうがよい理由を下のア～ウから選び，記号で答えなさい。

ア　みかんの木は水をほとんど必要《ひつよう》としないから。

イ　雨が多いと木が育たないから。

ウ　雨が多いと実がいたむから。

# 第3章　物をつくったり売ったりする仕事をしらべる

## レベルA問題演習

**問5**　次のグラフは，みかんづくりがさかんな松山の雨温図です。これについて，(1)・(2)の問いに答えなさい。

(1)　次の表は，前の地図中の松山・新潟・札幌の月別の平均《へいきん》気温と降水量をまとめたものです。右のグラフを参考《さんこう》にして，松山の気温と降水量をあらわしているものを表中のア～ウから選び，記号で答えなさい。

**松山の雨温図**

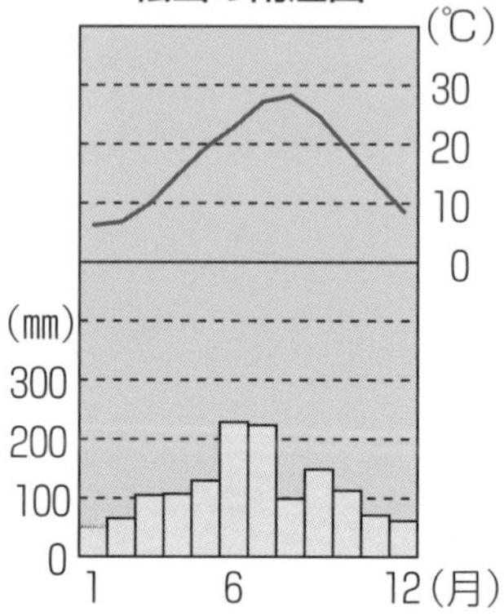


| | | 1月 | 2月 | 3月 | 4月 | 5月 | 6月 | 7月 | 8月 | 9月 | 10月 | 11月 | 12月 | 年 |
|---|---|---|---|---|---|---|---|---|---|---|---|---|---|---|
| ア | 気　温 | 2.5 | 3.1 | 6.2 | 11.3 | 16.7 | 20.9 | 24.9 | 26.5 | 22.5 | 16.7 | 10.5 | 5.3 | 13.9 |
| | 降水量 | 180.9 | 115.8 | 112.0 | 97.2 | 94.4 | 121.1 | 222.3 | 163.4 | 151.9 | 157.7 | 203.5 | 225.9 | 1845.9 |
| イ | 気　温 | 6.2 | 6.8 | 9.9 | 14.8 | 19.4 | 22.9 | 27.1 | 28.1 | 24.6 | 19.1 | 13.6 | 8.5 | 16.8 |
| | 降水量 | 50.9 | 65.7 | 105.1 | 107.3 | 129.5 | 228.7 | 223.5 | 99.0 | 148.9 | 113.0 | 71.3 | 61.8 | 1404.6 |
| ウ | 気　温 | −3.2 | −2.7 | 1.1 | 7.3 | 13.0 | 17.0 | 21.1 | 22.3 | 18.6 | 12.1 | 5.2 | −0.9 | 9.2 |
| | 降水量 | 108.4 | 91.9 | 77.6 | 54.6 | 55.5 | 60.4 | 90.7 | 126.8 | 142.2 | 109.9 | 113.8 | 114.5 | 1146.1 |

気温の単位《たんい》は℃，降水量の単位は㎜。（1991～2020年の平均）
年のところの気温は年平均気温を，降水量は１年間の合計をしめす。

(2)　前の地図や表をもとにすると，みかんは年平均気温がおよそ何度以上《いじょう》の地域でつくられていると考えられますか。もっともふさわしいものを下のア～エから選び，記号で答えなさい。

ア　8℃　　　イ　13℃　　　ウ　15℃　　　エ　18℃

### 考えるヒント

**問2**　(1)　りんごはすずしい気候《きこう》が適《てき》しているが，みかんはあたたかい気候が適している。
(2)　気温は，海抜《かいばつ》高度（標高《ひょうこう》）が高くなるほど下がる。

**問4**　くだものは，いっぱんに，雨の少ない気候が適している。雨がふると実がいたむからである。しかし，果樹《かじゅ》も樹木であるため，水分はもちろん必要《ひつよう》である。

# レベルB問題演習

## ●保存《ほぞん》食《しょく》についてしらべてみよう

**次の文章を読んで，あとの各《かく》問いに答えなさい。**

☞答えは107ページ

はじめ君としゅんすけ君は，ある日学校の授業《じゅぎょう》でむかしの冷蔵庫《れいぞうこ》の写真を先生に見せてもらいました。むかしの冷蔵庫は外側《そとがわ》が木でできていて，中に金属《きんぞく》の板がはりつけてあります。電気のコードが見あたらないことに気づいたはじめ君が，先生に聞いてみました。

はじめ君：先生，この冷蔵庫ってなんだか戸だなみたいだね。電気のコードもないようだけど……。

先生：そのとおりだね。このころの冷蔵庫は電気を使ってなかったんだよ。

はじめ君：じゃあ，どうやって食べ物を冷《ひ》やすの？

先生：冷蔵庫の中が上下に分かれているよね。上のだんに買ってきた大きな（　1　）を入れていたんだ。冷やすものは下のだんに入れるんだよ。

はじめ君：へえ。（　1　）で冷やしてたんだ！　それに（　1　）を買ってくるなんておもしろいなあ。いまじゃ家の冷蔵庫で自動的《じどうてき》にどんどんつくってくれるのに。

しゅんすけ君：むかしの冷蔵庫では食べ物を何日も保存《ほぞん》するのはむずかしかったって，おばあちゃんが言ってたよ。でも，むかしの人はくふうをして食べ物を保存してたんだって。日本にはそういう長い間保存できる食べ物がいっぱいあるんだよって。

2人が図書室に行ってしらべると，現在《げんざい》ふつうに食べられている食べ物の中にも，むかしの人が食べ物を長持ちさせるためにつくっていた保存食がたくさんあることがわかりました。しらべたものをまとめたものが次のページの表です。

先生：2人の表を見ると，長持ちさせるためにつくられたものでありながら，どれもとてもおいしいよね。だから，いまでもふつうに食べられているのだね。

はじめ君：食べ物を長持ちさせる方法《ほうほう》って，いくつかにグループ分けできるってわかったんだ。たとえば［　A　］は（　　　2　　　）という方法だし，ひものやこおり豆腐は（　　　3　　　）という方法，みそは（　　　4　　　）という方法だよね。

しゅんすけ君：そうだね。ということは，しょうゆやお酒，お酢《す》などの調味料《ちょうみりょう》は（　5　）と同じ方法っていえるよね。

# レベルB問題演習

| 保存食の名前 | つくり方や歴史《れきし》 |
|---|---|
| A | 1000年以上《いじょう》前に中国から伝《つた》わったといわれ，最初《さいしょ》は薬として使われていたようです。果実《かじつ》を塩《しお》につけたあと，太陽の光にあて，また塩につけてつくります。シソの葉とともにつけこんで赤い色にしあげるようになったのは，江戸《えど》時代になってからだそうです。おにぎりの具として，いまでもよく使われています。 |
| ひもの | 1000年以上前から日本でつくられていたようです。魚介類《ぎょかいるい》に塩味をつけ太陽の光にあてて，よけいな水分をぬいてつくります。ひものづくりがさかんになったのは江戸時代で，神奈川県《かながわ》の小田原《おだわら》のあじのひもの，兵庫県《ひょうご》の明石《あかし》の干《ほ》しだこ，長崎県《ながさき》のからすみなどは，いまも名産品《めいさんひん》として伝えられています。 |
| こおり豆腐《どうふ》 | 800年くらい前からつくられているそうです。豆腐を，かんそうした寒い冬の夜にこおらせてつくります。こおらせてから水分をぬくことで独特《どくとく》の舌《した》ざわりになるそうです。むかしはこのこおり豆腐が冬の間や戦《いくさ》のときの食べ物としても大切にされていました。地域《ちいき》によってしみ豆腐やこうや豆腐とよんだりもします。 |
| みそ | 1000年以上前に中国から伝わったといわれています。大豆《だいず》や米，麦などをむしたものを塩やこうじといっしょに発酵《はっこう》させてつくります。最初は金持ちや身分の高い人しか口にすることのできないものでしたが，だんだんと庶民《しょみん》にも広まり，みそしるとして毎日の食卓《しょくたく》にかかせないものになっていきました。 |

**問1**　会話文中の（　1　）に共通《きょうつう》してあてはまることばを漢字１字で答えなさい。

**問2**　表中の［　A　］にあてはまる保存食の名前を答えなさい。

**問3**　表中の神奈川県・兵庫県・長崎県について，(1)・(2)の問いに答えなさい。

(1)　神奈川県・兵庫県・長崎県の県の形を下のア〜エから選《えら》び，それぞれ記号で答えなさい。ただし，地図の縮尺《しゅくしゃく》はそれぞれちがいます。

ア　イ　ウ　エ

(2) 神奈川県・兵庫県・長崎県の３つすべてに共通していることとして正しいものを下のア～ウから選び，記号で答えなさい。正しいものがない場合は×と答えなさい。

ア　２つ以上の県ととなり合っている。

イ　県の名と県庁所在都市《けんちょうしょざいとし》の名が同じである。

ウ　太平洋に面している。

**問４**　表中のかんそうした寒い冬の夜について，古くからこおり豆腐の産地として知られている長野《ながの》県の佐久《さく》や飯田《いいだ》というところは冬の晴天が多いうえに，夜と昼との気温の差《さ》が大きいため，切った豆腐を外につるしておくだけで，自然《しぜん》にこおったりとけたりをくり返し，豆腐をかんそうさせることができたといいます。この地域で，冬に晴天が多いうえに，夜と昼の気温の差が大きいのはなぜでしょうか。下のア～ウからその理由としてあやまっているものを１つ選び，記号で答えなさい。

ア　海からはなれているため，地面があたたまりやすく冷えやすい。

イ　北のほうにあるため，台風や梅雨《つゆ》のえいきょうを受けにくい。

ウ　山にかこまれているため，雨雲がさえぎられやすい。

**問５**　会話文中の，(　　2　　)・(　　3　　)・(　　4　　)にもっともふさわしい文を下のア～ウから１つずつ選び，それぞれ記号で答えなさい。

ア　水分をぬいて長持ちさせる

イ　発酵させて長持ちさせる

ウ　塩づけにして長持ちさせる

**問６**　会話文中の(　5　)にあてはまる食品の名前を，表中から選んで答えなさい。

**考えるヒント**

**問２**　「果実《かじつ》を塩《しお》につける」「シソの葉とともに」「赤い」「おにぎりの具」などが手がかりになる。

**問３**　ア…長崎《ながさき》県は佐賀《さが》県としかとなり合っていない。イ…神奈川《かながわ》県の県庁所在《けんちょうしょざい》都市は横浜《よこはま》，兵庫《ひょうご》県の県庁所在都市は神戸《こうべ》である。ウ…神奈川県は太平洋《たいへいよう》に，兵庫県は瀬戸内海《せとないかい》と日本海《にほんかい》に面している。長崎県は日本海と東《ひがし》シナ海に面している。からすみとは，ボラという魚の卵巣《らんそう》を干《ほ》したもので，珍味《ちんみ》として有名である。

## 第3章　物をつくったり売ったりする仕事をしらべる

# レベルC問題演習

### ●販売《はんばい》の方法《ほうほう》や売り上げに着目して，商店のようすをしらべよう

**1** わたしたちの身のまわりにはいろいろな種類《しゅるい》の店があり，多くの商品が売られています。毎日の生活に必要《ひつよう》な食料品《しょくりょうひん》や日用品はスーパー(スーパーマーケット)で買う人が多いですが，そのほかにもコンビニ(コンビニエンスストア)やデパートなどで買う場合もあります。このような身のまわりにある店について，あとの各《かく》問いに答えなさい。

☞答えは107ページ

スーパー

コンビニ

デパート

**問1**　次のア〜ウは，上の写真の3つの種類の店について，代表的《だいひょうてき》な特色《とくしょく》を説明《せつめい》したものです。スーパー，コンビニ，デパートの特色をしめしているものを選《えら》び，それぞれ記号で答えなさい。

ア

・たくさんの人が利用《りよう》する大きな駅の前にあることが多い。
・地下から屋上まで10階建《だ》て以上《いじょう》になっていることもある。
・たくさんの種類の商品があることから「百貨店《ひゃっかてん》」ともよばれる。

イ

・24時間ずっと営業《えいぎょう》している店が多くある。
・駅前まで行かなくても家の近所など利用しやすい場所にある。
・店の面積《めんせき》は小さくても，食べ物をはじめ生活に必要なものがたいていそろっている。

ウ

・食料品や日用品を中心にたくさんの品物があり，その種類も多い。
・特売品や特別《とくべつ》なサービスを広告《こうこく》するちらしが，新聞に入っていることが多い。
・かごを持って店内をまわり，レジでまとめて代金をしはらう。

**問2**　スーパーについて，(1)・(2)の問いに答えなさい。

(1)　次の①～③は，あるスーパーに買い物に行ったときに見かけた売り場のくふうです。①～③のうちの１つを選び，選んだものについて，このようなくふうをしている理由を，お客さんにとって何が便利《べんり》なのかがわかるように説明しなさい。

①　子どもを乗せることのできるショッピングカートがある。

②　さしみを売っている場所にしょうゆやわさびがおいてあったり，いちごを売っている場所にミルクがおいてあったりする。

③　魚は１切れ入り，２切れ入り，３切れ入り…といろいろなサイズのパックがある。

(2)　スーパーの野菜《やさい》売り場の店員さんは，(1)のようなくふう以外《いがい》にも，次のようなくふうをしていると話してくれました。

**野菜売り場の店員さんの話**

品物は「安くておいしくて安全なもの」を第一に，日本中から仕入れています。それと同時に，いたみやすい野菜は，できるだけ地元の農家から仕入れるようにもしています。スーパーから近い地元の農家から仕入れれば環境《かんきょう》にもいいですしね。

# レベルC問題演習

①　次の地図は，スーパーの野菜がどこから仕入れられているのかをしめしたものです。このスーパーでは，たまねぎ・ピーマン・キャベツはおもにどの都道府県《とどうふけん》から仕入れていますか。地図を見て，それぞれ答えなさい。

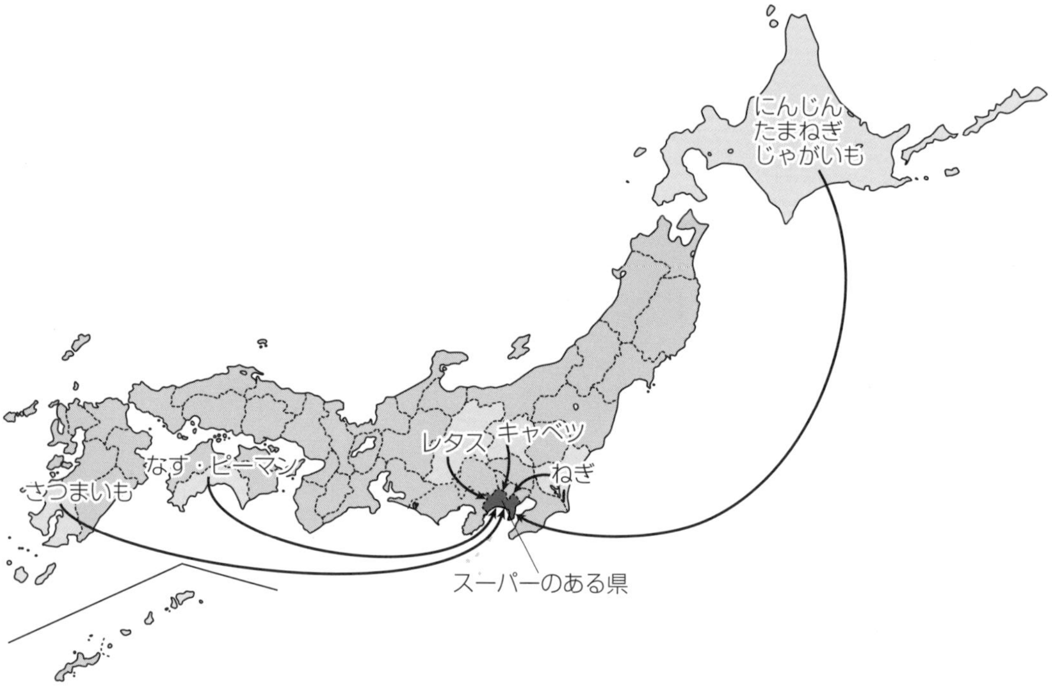


②　このスーパーは，何県にありますか。地図を見て答えなさい。

③　店員さんが，地元の農家から仕入れれば環境《かんきょう》にもいいと言っているのはなぜですか。下のア～ウから正しいものを選び，記号で答えなさい。

ア　地元の農家は農薬や化学肥料《かがくひりょう》を使わないから。

イ　トラックで運ぶきょりが短いので，排気《はいき》ガスや二酸化炭素《にさんかたんそ》をあまり出さなくてすむから。

ウ　地元の農家なら安く売ってくれるので，売れ行きがよくなるから。

**問3**　コンビニについて，⑴・⑵の問いに答えなさい。

⑴　コンビニの売り上げについて，次のグラフから読み取れることとして正しいものをあとのア～ウから選び，記号で答えなさい。

売り上げの移《うつ》り変《か》わり

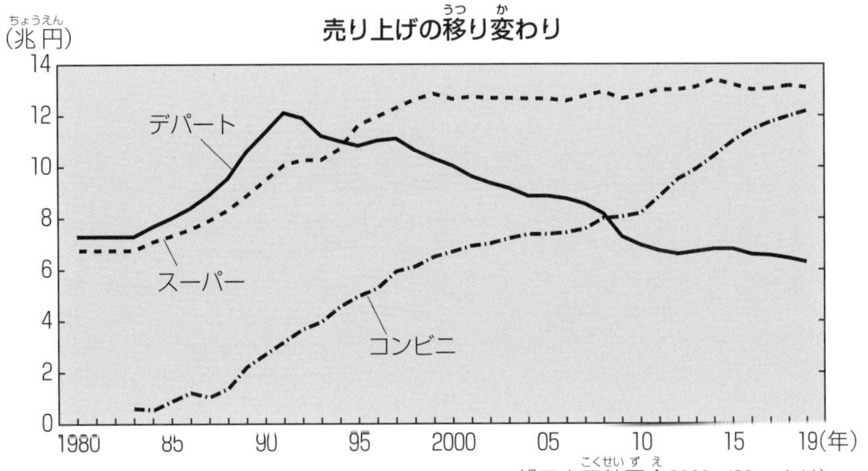


(『日本国勢《こくせい》図《ず》会《え》2020／21』より)

ア　コンビニの売り上げは，以前はデパートやスーパーより少なかったが2008年にスーパーをぬいた。

イ　コンビニの売り上げは，一度もへることなくふえつづけている。

ウ　コンビニの売り上げは，スーパーと１兆円ほどの差《さ》がある。

⑵　コンビニはコンビニエンスストアを略《りゃく》した言い方ですが，「コンビニエンス」には英《えい》語《ご》で「便利」という意味があります。コンビニがお客さんにとっての便利さのために行っていることとしてふさわしくないものを下のア～ウから選び，記号で答えなさい。

ア　銀行にあずけているお金を，コンビニで引き出せるようにすること。

イ　コンビニが売りたい商品を，レジのすぐ前のたなに目につくようにおいていること。

ウ　郵便物《ゆうびんぶつ》や小包《こづつみ》を，コンビニから送れるようにすること。

**問４**　デパートについて，問３⑴のグラフを見ると，デパートの売り上げが最近《さいきん》へっています。しかし，デパートでも多くのお客さんが買い物をしてくれるように，さまざまなくふうをしています。次の①・②はそうしたデパートのくふうを説明したものです。これらのくふうにもっとも関係《かんけい》があることばを下のア～エから選び，それぞれ記号で答えなさい。

①　直接《ちょくせつ》デパートに買い物に行かなくても，デパートのホームページを見ながら家で買い物ができる。

②　お正月に「5000円」「10000円」など決まった値《ね》だんで商品のつめ合わせを売る。中身がわからないことが多いが，はらった金額《きんがく》以上の商品が入っていることが多い。

ア　ネットショッピング　　イ　デパ地下　　ウ　福袋《ふくぶくろ》　　エ　おみくじ

# レベルC問題演習

**問5**　下の表は，日本全体のスーパー・コンビニ・デパートの3種類の店についてまとめたものです。A～Cはスーパー・コンビニ・デパートのいずれかをしめしています。この表について，(1)～(3)の問いに答えなさい。

| 店の種類 | 店の数（けん） | 総売り上げ（億円）売額 | 1店あたりの広さ |
|---|---|---|---|
| A | 5036 | 130983 | 政令指定都市3000㎡以上<br>その他の都市1500㎡以上 |
| B | 56502 | 121841 | 30～250㎡ |
| C | 213 | 62979 | 1500㎡以上 |

（2019年，『日本国勢図会2020／21』より）

(1)　店の数が日本全体でもっとも多いのはA～Cのどれか，記号で答えなさい。

(2)　店1けんあたりの売上数がもっとも多いのはA～Cのどれか，記号で答えなさい。

(3)　A～Cはそれぞれスーパー・コンビニ・デパートのどれをしめしているでしょうか。下の表のア～ウから正しい組み合わせを選び，記号で答えなさい。

| | A | B | C |
|---|---|---|---|
| ア | スーパー | デパート | コンビニ |
| イ | スーパー | コンビニ | デパート |
| ウ | デパート | コンビニ | スーパー |

## 考えるヒント

**問2**　(1)　②のように，いっしょに食べる食品や，セットで使う商品などを近くにおいておくくふうは，買い物をするお客さんにとっては買いわすれがなかったり，はなれた売り場まで行かなくてよかったりするなどの便利《べんり》さがあり，店側《みせがわ》からすれば売り上げをふやすチャンスでもある。

③　お客さんには，ひとりぐらしの人もいれば，5～6人と家族の多い人もいる。たくさん食べる人もいれば，少食の人もいる。スーパーでは，そうしたさまざまな人の希《き》望《ぼう》にこたえられるように，1切れ入りからたくさん入っているものまで，いろいろなサイズのパックをつくっている。また，魚を買ったあとにおさしみにしたり，すきなサイズに切り分けたりするサービスをするスーパーもある。

## ●お金のはたす役割《やくわり》について考えよう

**2** お金についての次の文章を読み，あとの各《かく》問いに答えなさい。 ☞答えは107ページ

わたしたちがふだん生活するのに，お金はなくてはならないものです。ほしい品物を商店で買うのにもお金が必要《ひつよう》ですし，その品物を生産《せいさん》する工場は，生産したものを売ってえたお金を活動資金《しきん》にしたり社員の給料《きゅうりょう》にしたりします。このようにお金は，わたしたちの生活や会社などの企業《きぎょう》の活動にとってたいへん重要なもので，わたしたちの社会をからだにたとえれば，お金は[ ]のようなはたらきをしています。そして，このお金が社会の中を流れていろいろなはたらきをする上で，銀行などの金融機関《きんゆうきかん》が重要な役割《やくわり》をはたしています。

**問1** 次の写真は，2024年から日本銀行が発行する新紙幣《しへい》（お札《さつ》）に使われる肖像《しょうぞう》で，下の文は，その人物を説明《せつめい》したものです。それぞれの写真が何円札の肖像か答えなさい。

**北里柴三郎《きたさとしばさぶろう》**

世界で初めて破傷風菌の純粋培養に成功して血清療法を確立。ペスト菌を発見。伝染病研究所や北里研究所を創立して後輩の育成にも尽力しました。

**渋沢栄一《しぶさわえいいち》**

第一国立銀行、東京株式取引所（現 東京証券取引所）、東京商法会議所（現 東京商工会議所）など約500もの企業の設立等に関わり、実業界で活躍しました。

**津田梅子《つだうめこ》**

1871年、岩倉使節団に随行した最初の女子留学生の一人。帰国して女子英学塾（現 津田塾大学）を創立するなど、近代的な女子高等教育に尽力しました。

**問2** お金のはたらきについて，(1)・(2)の問いに答えなさい。

(1) お金はどのようなはたらきを持っていますか。ふさわしくないものを下のア～エから選《えら》び，記号で答えなさい。

ア　物と交換《こうかん》するはたらきがある。

イ　商品の値《ね》うちをはかる共通《きょうつう》のものさしとしてのはたらきがある。

ウ　いつでも必要なときに使えるように，たくわえておくことができる。

エ　商品を輸送《ゆそう》するはたらきがある。

(2)　わたしたちの社会をからだにたとえると，お金はどのようなものといえるでしょうか。前の文章中の［　　］にあてはまるものを下のア～ウから選び，記号で答えなさい。

ア　手足　　　イ　血液《けつえき》　　　ウ　目

**問3**　次の図は，家庭，企業，国や都道府県《とどうふけん》・市町村の3つについてのお金の流れをあらわしたものです。図中の［ A ］～［ C ］にあてはまるお金を下のア～ウから選び，それぞれ記号で答えなさい。ただし，同じ記号には同じものがあてはまります。

ア　代金　　　イ　給料　　　ウ　税金《ぜいきん》

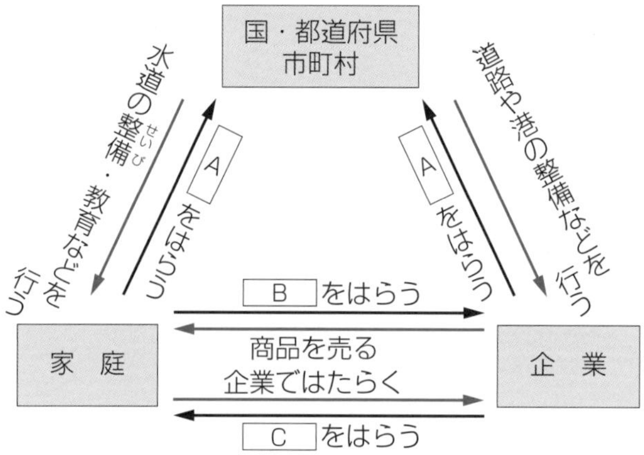


**問4**　銀行について，(1)・(2)の問いに答えなさい。

(1)　銀行のはたらきとしてふさわしくないものを下のア～エから選び，記号で答えなさい。

ア　お金をあずかるはたらき

イ　お金を貸《か》し出すはたらき

ウ　お金の価値《かち》を低《ひく》くするはたらき

エ　お金を送るはたらき

(2)　わたしたちが預金《よきん》したお金を銀行はどのように利用《りよう》していますか。ふさわしいものを下のア～ウから選び，記号で答えなさい。

ア　預金したお金をそのまま全部金庫に入れて大切に保管《ほかん》する。

イ　預金した人にはらう利子（利率《りりつ》）よりも高い利子でお金を必要とする企業や人に貸す。

ウ　預金した人にはらう利子よりも低い利子でお金を必要とする企業や人に貸す。

**問5**　わたしたちは，ふだん使わないお金は銀行などに預金（貯金《ちょきん》）しています。次のグラフは，おもな銀行の預金（貯金）の額《がく》をあらわしたものです。グラフ中の□にあてはまる，金融機関の名を答えなさい。

**おもな銀行の預金(貯金)の額**
**(2018年度末)**

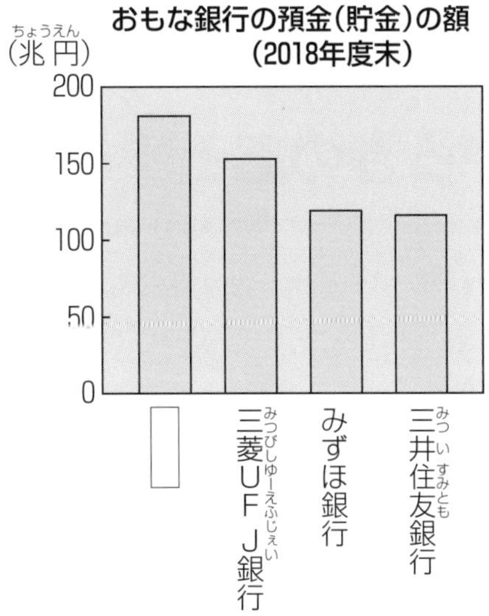


(『日本国勢図会《こくせいずえ》2020／21』より)

## 考えるヒント

**問2**　(2)「お金が社会の中を流れていろいろなはたらきをしている」という表現《ひょうげん》をもとにして考える。

**問3**　商品の流れと反対に流れるものは何だろう。また，企業《きぎょう》ではたらいたことと引きかえにもらうものは何だろう。

**問5**　□にあてはまるものは，2003年３月末までは国の金融《きんゆう》機関であった。2007年10月から民間《みんかん》の銀行になっている。

# 第4章 各地の気候や地形のようすをしらべる

## まとめのポイント

1 日本の気候《きこう》が各地《かくち》でことなるわけを考えてみよう。
2 地形と気候との関係《かんけい》や地形と火山・森林の分布《ぶんぷ》との関係を考えてみよう。

## キーワード

さくら前線　紅葉《こうよう》前線
標高《ひょうこう》　火山　地熱《ちねつ》発電
森林　緑のダム

## 例題 さくらの開花から春のおとずれを考えよう

◇　さくらの開花は，春のおとずれをつげます。次の地図は，日本各地《かくち》でさくらがさく時期を10日ごとに区切ってあらわしたものです。この地図を見て，あとの各問いに答えなさい。

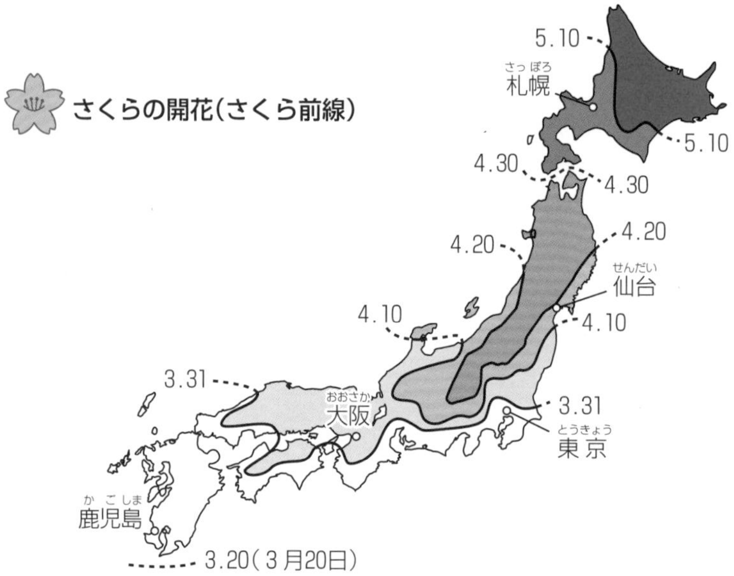


**問1**　上の地図を見ると，さくらがさく時期は，あることがらに関係《かんけい》があることがわかります。さくらの開花と関係があることがらを下のア～ウから選《えら》び，記号で答えなさい。

ア　1日のうち，太陽が照《て》っている時間の長さ
イ　そのころにふった雨や雪の量《りょう》
ウ　1日の平均気温の高さ

**問2**　上の地図を見ると，さくらがさく時期は，どのような方角に移《うつ》り変《か》わっていくことがわかりますか。下のア～ウから選び，記号で答えなさい。

ア　北から南　　イ　東から西　　ウ　南から北

**問3**　前の地図中の鹿児島《かごしま》ともっとも近い時期にさくらがさく都市を地図中からさがして，その都市の名を答えなさい。

**問4**　前の地図中の札幌《さっぽろ》では，何月何日ごろさくらがさきますか。

**問5**　さくらがさくのとはちょうど反対の方角に日本列島を進んでいくものもあります。それを下のア～ウから選び，記号で答えなさい。

ア　梅《うめ》がさく時期　　イ　田植えが始まる時期　　ウ　紅葉《こうよう》が始まる時期

**問6**　春のおとずれをつげるものは，さくらだけではありません。さくらがさくころにすがたを見せる鳥とこん虫を下のア～クから１つずつ選び，それぞれ記号で答えなさい。

ア　カモメ　　イ　アブラゼミ　　ウ　ツバメ　　エ　アカトンボ
オ　ハクチョウ　　カ　モンシロチョウ　　キ　ハト　　ク　スズムシ

## 考え方

**問１・５**　さくらは，気温がある一定以上《いじょう》になるとさき始めます。日本列島を北上するさくらの開花は，春のおとずれをつげます。また，次の地図のように，さくらとは反対にかえでは，気温がある一定以上に下がると紅葉《こうよう》します。日本列島を南下するかえでの紅葉は，秋のおとずれをつげます。

かえでの紅葉（紅葉前線）

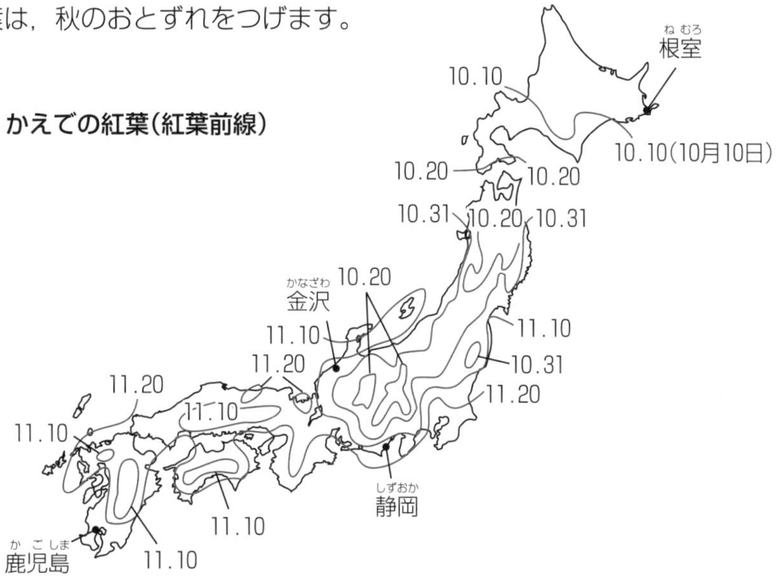


**問6**　アブラゼミは夏のおとずれを，アカトンボは夏の終わりをつげます。スズムシは秋のおとずれを，ハクチョウは冬のおとずれをつげます。

## 解答

問1　ウ　　問2　ウ　　問3　東京　　問4　5月10日　　問5　ウ
問6　（鳥）ウ　（こん虫）カ

第4章　各地の気候や地形のようすをしらべる

# レベルA問題演習

## ●南北の位置《いち》や標高《ひょうこう》との関係《かんけい》から気候《きこう》のちがいを考えよう

**1** 日本では，１月から２月にかけてが１年のうちで一番寒い時期です。もちろん，寒いといっても，その寒さは北と南とではずいぶんちがいます。また，高いところと低《ひく》いところとでもずいぶんちがいます。このように土地によってちがっている日本の冬の気候《きこう》を，次の地図中の７つの市についてしらべてみました。なお，地図中の市の名前の横にある数字は，気象観測所《きしょうかんそくじょ》がある場所の土地の高さをしめしています。

☞答えは107ページ

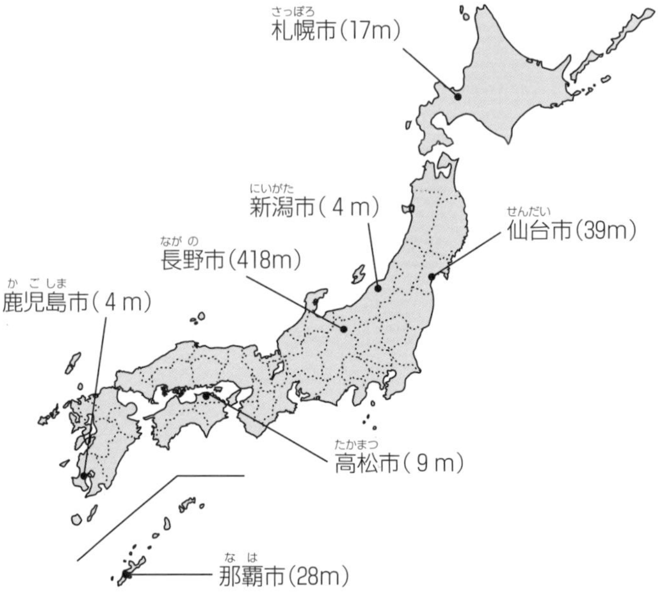


**問１**　次の表は，上の地図中の７つの市の，ある年の２月１日から２月７日までの天気をしめしたものです。表中のＡには，すべて同じ天気があてはまります。この天気を，ひらがな２字で答えなさい。

| 市＼月日 | ２／１ | ２／２ | ２／３ | ２／４ | ２／５ | ２／６ | ２／７ |
|---|---|---|---|---|---|---|---|
| 札幌市 | Ａ | Ａ | あられ | あられ | はれ | はれ | Ａ |
| 仙台市 | くもり | Ａ | Ａ | Ａ | かいせい | はれ | はれ |
| 新潟市 | みぞれ | くもり | Ａ | くもり | かいせい | あめ | はれ |
| 長野市 | Ａ | はれ | Ａ | はれ | かいせい | はれ | はれ |
| 高松市 | あめ | はれ | はれ | うすぐもり | はれ | はれ | かいせい |
| 鹿児島市 | あめ | はれ | はれ | くもり | はれ | くもり | かいせい |
| 那覇市 | くもり | くもり | はれ | はれ | あめ | くもり | くもり |

**問 2**　右のグラフは，前の地図中の７つの市の，ある年の２月５日正午《しょうご》の気温をしめしたものです。このグラフについて，⑴・⑵の問いに答えなさい。

⑴　右のグラフにしめされた中で，もっとも気温の低かった長野市と，もっとも気温の高かった那覇市とでは，およそ何度気温がちがっていますか。下のア～エからもっとも近いものを選《えら》び，記号で答えなさい。

ア　19度　　　　イ　16度

ウ　13度　　　　エ　10度

⑵　右のグラフ中のＡとＣにあてはまる市を，前の地図中から選び，それぞれ市の名を答えなさい。

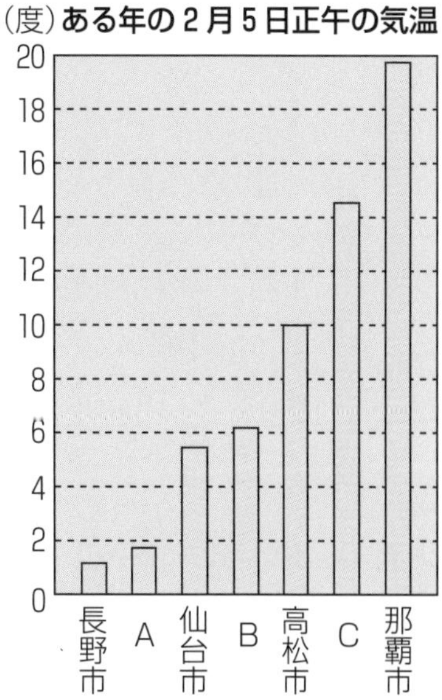


**問 3**　次の図は，前の地図中の７つの市について，ある年の２月５日の最低《さいてい》気温（その日一番低かった気温）と最高《さいこう》気温（その日一番高かった気温）をしめしたものです。この図について，⑴～⑷の問いに答えなさい。

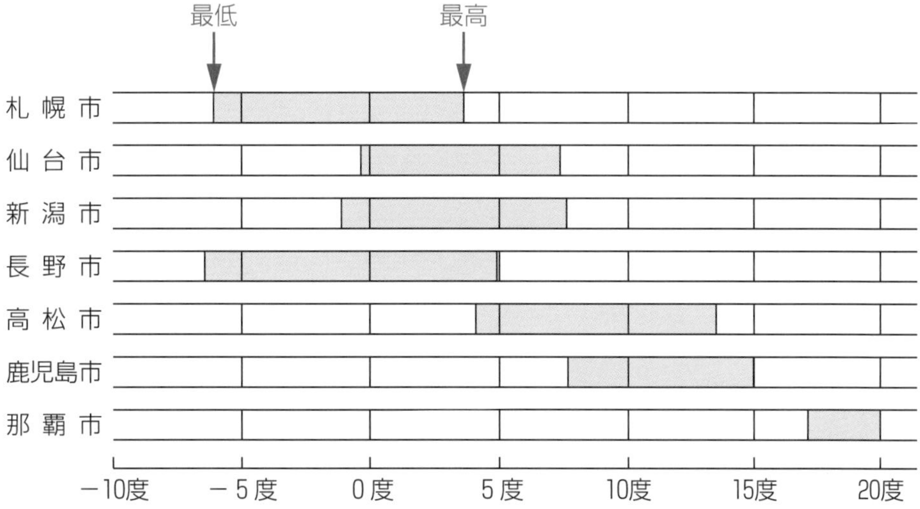


⑴　最低気温が氷点下《ひょうてんか》（０度よりも気温が低くなること）になった市は全部でいくつありますか。

⑵　最高気温が10度をこえた市は全部でいくつありますか。

# レベルA問題演習

(3)　最高気温と最低気温の差《さ》がもっとも大きかった市と，もっとも小さかった市をさがして，それぞれ市の名を答えなさい。また，それぞれの市では，その差は何度ありましたか。あてはまるものを下のア～カから選び，それぞれ記号で答えなさい。

ア　1.5度　　イ　2.7度　　ウ　5.8度

エ　8.7度　　オ　11.9度　　カ　14.5度

(4)　前の図を見ると，長野市の最低気温が７つの市の中でもっとも低くなっていることがわかります。前の地図を参考《さんこう》にしながら，長野市のある場所をよく考えて，その理由を下のア～ウから選び，記号で答えなさい。

ア　長野市は，７つの市の中でもっとも高いところにあるから。

イ　長野市は，７つの市の中でもっとも海に近いところにあるから。

ウ　長野市は，７つの市の中でもっとも北にあるから。

**問４**　次の表は，高松市・新潟市・札幌市で暖房《だんぼう》を使い始める日と，やめる日をまとめたものです。表中のA～Cにあてはまる月日を，下のア～オから選び，それぞれ記号で答えなさい。

| | 暖房を使い始める月日 | 暖房をやめる月日 |
|---|---|---|
| 高松市 | 11月25日 | B |
| 新潟市 | A | ４月10日 |
| 札幌市 | 10月19日 | C |

ア　３月30日　　イ　５月３日　　ウ　10月10日　　エ　11月14日　　オ　12月１日

## 考えるヒント

**問１**　札幌《さっぽろ》や仙台《せんだい》・新潟《にいがた》・長野《ながの》の冬で目立つ気候《きこう》であることと，表中にある「はれ」や「くもり」などをのぞいて考える。

**問３**　(4)　いっぱんに，気温は北に行くほど低《ひく》くなり，また，標高《ひょうこう》（海抜高度《かいばつこうど》）が高くなるほど低くなる。

**問４**　あたたかい土地ほど暖房《だんぼう》を始める時期はおそく，暖房をやめる時期ははやくなる。

## ●土地の高低《こうてい》をもとに人口の分布《ぶんぷ》を考えよう

**2** 日本は土地の高低《こうてい》の差《さ》が大きく，高いところでは3000mをこえ，低《ひく》いところでは海面よりも低くなっています。この土地の高低を平らにならした日本の平均標高《へいきんひょうこう》は382mですが，都道府県《とどうふけん》ごとにしらべてみると，高さにかなりの差が見られます。このことについて，あとの各《かく》問いに答えなさい。

☞答えは107ページ

**問1**　地図①は，都道府県ごとの平均標高（土地の高低を平らにならしたときの高さ）をくらべた場合，標高の高い10都道府県をしめしたものです。この地図について，(1)〜(4)の問いに答えなさい。

①　平均標高の高い都道府県

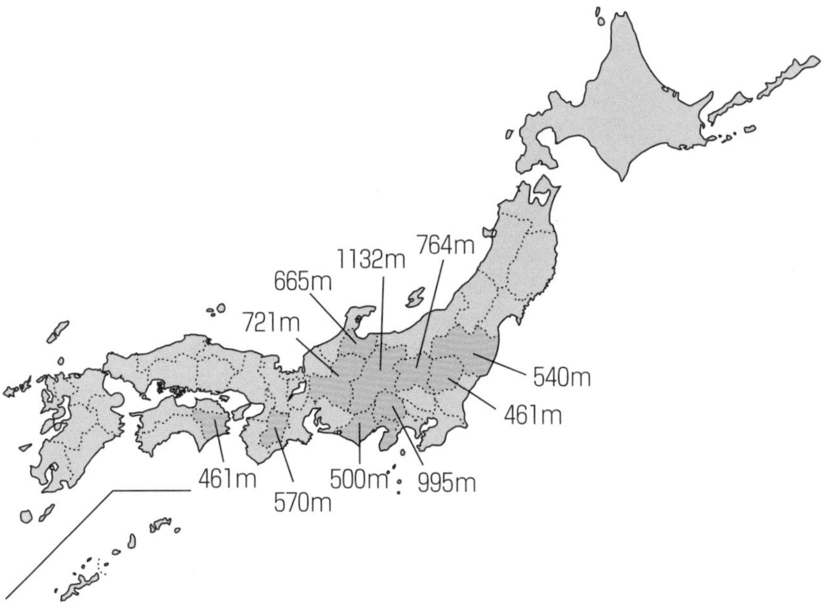


(1)　地図①にしめされた都道府県のうち，平均標高がもっとも高いのは何県ですか。

(2)　(1)で答えた県の平均標高は何mですか。

(3)　地図①にしめされた都道府県のうち，平均標高が4番目に高い県の東側《ひがしがわ》につらなる北アルプスともよばれる山脈《さんみゃく》の名を答えなさい。

(4)　地図①にしめされた都道府県のうち，平均標高が6番目に高い県の南部につらなる山地の名を答えなさい。

# レベルA問題演習

**問2**　地図②は，都道府県ごとの平均標高をくらべた場合，標高の低い10都道府県をしめしたものです。この地図について，(1)～(4)の問いに答えなさい。

②　平均標高の低い都道府県

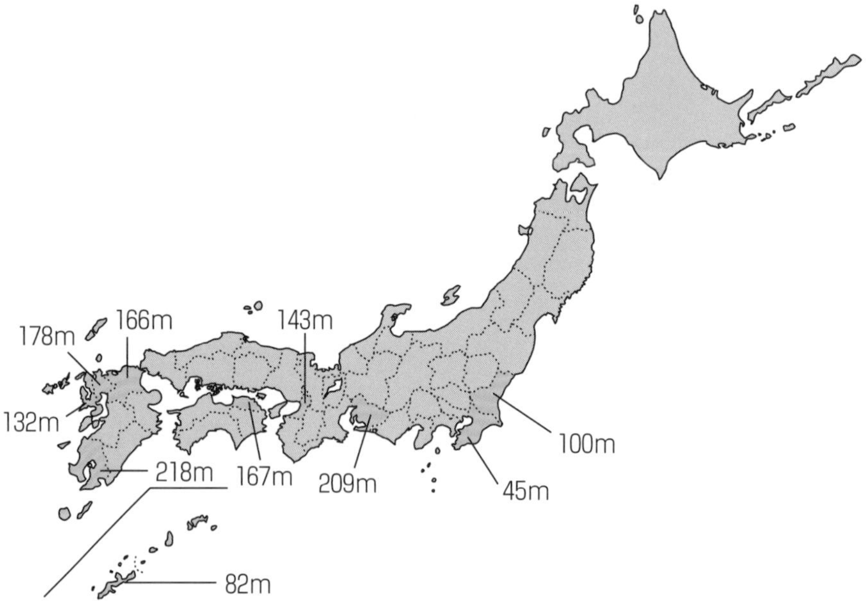


(1)　地図②にしめされた都道府県のうち，平均標高がもっとも低いのは何県ですか。
(2)　(1)で答えた県の平均標高は何mですか。
(3)　地図②にしめされた都道府県のうち，平均標高が6番目に低い県と8番目に低い県にまたがって広がる平野の名を答えなさい。
(4)　地図②にしめされた都道府県のうち，平均標高が9番目に低い県の西部に広がる平野の名を答えなさい。

**問 3**　地図③は，都道府県ごとの人口をくらべた場合，人口の多い10都道府県をしめしたものです。この地図について，⑴・⑵の問いに答えなさい。

③　**人口の多い都道府県**

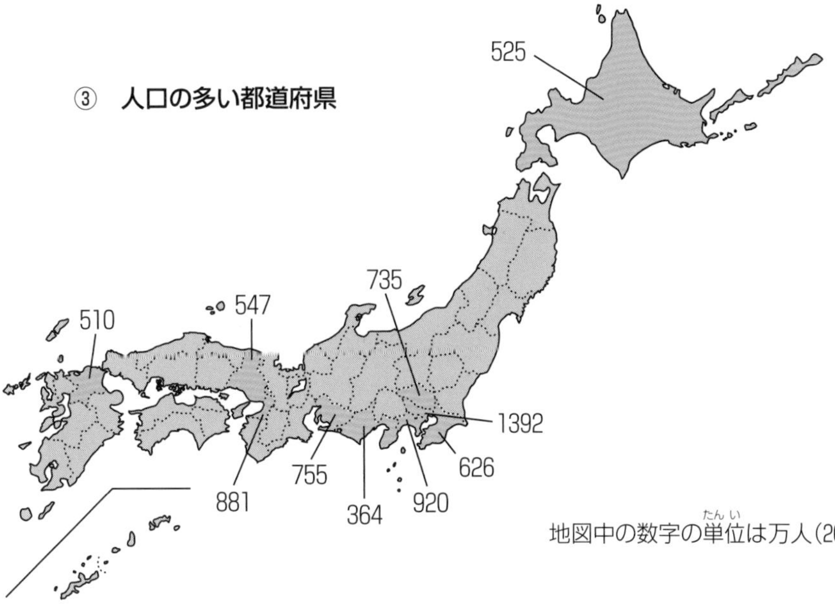


地図中の数字の単位《たんい》は万人(2019年)

⑴　地図③にしめされた10都道府県のうち，地図①にもしめされている都道府県はいくつありますか。

⑵　地図③にしめされた10都道府県のうち，地図②にもしめされている都道府県はいくつありますか。

**問 4**　問 3 で答えたことを参考《さんこう》にして，日本の山地と平地に住む人の割合《わりあい》をしめしたグラフを右のア～ウから選《えら》び，記号で答えなさい。

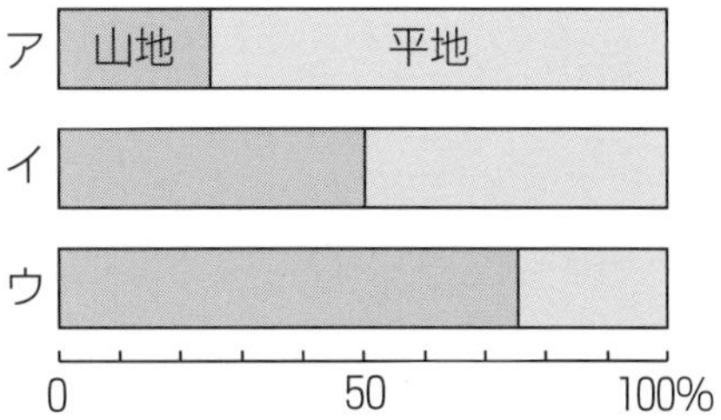


## 考えるヒント

**問 1**　平均標高《へいきんひょうこう》が高いところは，おもに内陸《ないりく》にあって山地の多い都道府県《とどうふけん》である。

**問 2**　平均標高が低《ひく》いところは，おもに海岸近くにあって平野の多い都道府県である。

**問 4**　国土のうち山地は 4 分の 3 をしめ，平地は 4 分の 1 をしめるが，人口の分布《ぶんぷ》では問 3 の⑵で答えたように平地に住む人が多くなっていて，地形のしめる割合《わりあい》とはぎゃくになる。

# レベルB問題演習

## ●日本列島の中の火山の分布《ぶんぷ》を考えよう

**1** 世界には，いまでも蒸気《じょうき》やガスをふき出したり，噴火《ふんか》するなどの活動をつづけている火山が1500ほどあり，そのうち111の火山が日本に集まっています。日本のおもな火山の位置《いち》をしめした次の地図を見て，あとの各《かく》問いに答えなさい。 ☞答えは108ページ

**問1**　日本には多くの火山がありますが，上の地図を見ると，火山は全国にまんべんなくあるわけではないことがわかります。日本の四大島のうち，火山がないのはどこですか。上の地図を見て答えなさい。

**問2**　上の地図中の①～④の火山について，⑴・⑵の問いに答えなさい。

⑴　次の①～④の文は，前の地図中の①～④の火山について説明《せつめい》したものです。①・③・④の文中の□にあてはまる県の名をそれぞれ答えなさい。

①　秋田《あきた》県とその南にある□県との境《さかい》にあるこの火山は，東北地方で２番目に高い山です。

②　東京《とうきょう》都の伊豆大島《いずおおしま》にあるこの火山は，1986年に大噴火し，すべての住民《じゅうみん》が一時島からひなんしました。

③　□県の島原《しまばら》半島にあるこの火山は，1991年の噴火によって，ふもとの町や村に大きな被害《ひがい》をあたえました。

④　□県にあるこの火山は，1914年の噴火で溶岩《ようがん》が流れ出し，大隅《おおすみ》半島と陸《りく》つづきになりました。

(2) 前の地図中の①～④の火山の名を下のア～カから選《えら》び，それぞれ記号で答えなさい。

ア 三原山《みはらやま》　イ 雲仙岳《うんぜんだけ》　ウ 浅間山《あさまやま》　エ 桜島《さくらじま》　オ 十勝岳《とかちだけ》　カ 鳥海山《ちょうかいさん》

**問 3** 前の地図中の岩木山《いわきさん》と大山《だいせん》は，その形やなりたちが富士山《ふじさん》とにていることから，それぞれ津軽《つがる》富士，伯耆《ほうき》富士ともよばれています。これらの火山の形としてもっともふさわしいものを下のア～エから選び，記号で答えなさい。

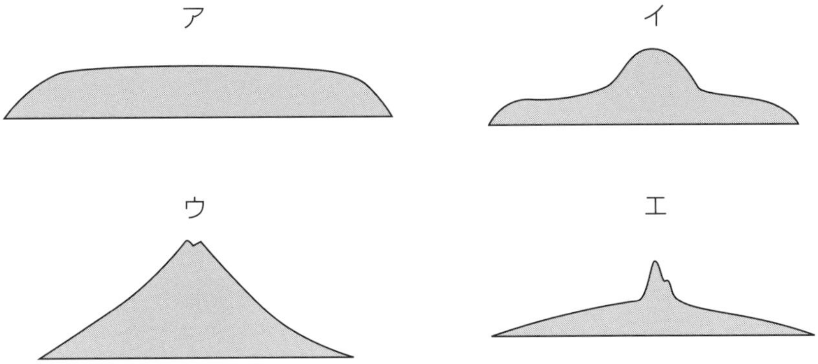


**問 4** 前の地図中のA・Bの山脈《さんみゃく》にはいくつもの火山がならんでそびえています。これらの山脈の名をそれぞれ答えなさい。

**問 5** 前の地図中のC・Dの地域《ちいき》には，火山の噴火によって火山灰《かざんばい》がふりつもってできた土地が見られます。このような土地の説明としてあやまっているものを下のア～エから選び，記号で答えなさい。

ア 大雨がふると土砂《どしゃ》くずれがおきやすい。

イ 畑にするにはむかず，水田にしか利用《りよう》できない。

ウ 土にふくまれる栄養《えいよう》分が少ない。

エ 水をすいこみやすく，水もちが悪い。

**問 6** 火山はひとたび噴火すると，人びとのくらしに大きな被害《ひがい》をもたらしますが，その一方で美しい風景《ふうけい》などさまざまなめぐみをあたえてくれます。このことについて，(1)・(2)の問いに答えなさい。

(1) 火山の多い日本では，岩手《いわて》県や大分《おおいた》県などのいくつかの県で地下の熱《ねつ》を利用した地熱《ちねつ》□が行われています。

□にあてはまることばを漢字 2 字で答えなさい。

(2)　火山の多い日本は，温泉《おんせん》にもめぐまれています。温泉は地下水がマグマなどによってあたためられたものなので，火山と温泉の位置は深い関係《かんけい》があります。日本のおもな温泉の位置をしめした地図を下のア～ウから選び，記号で答えなさい。

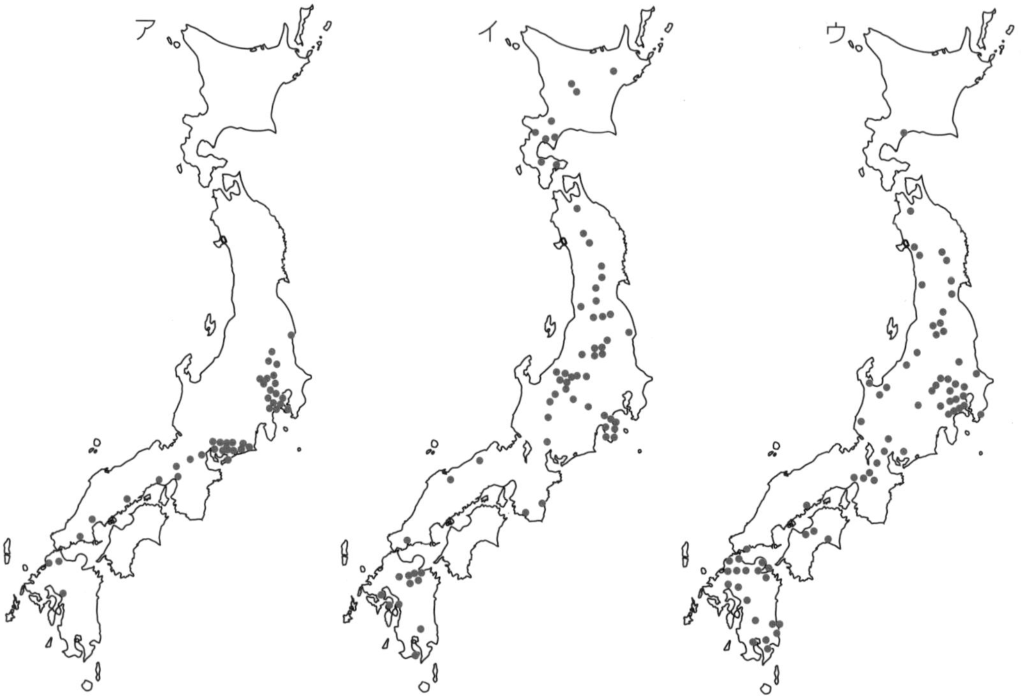


## 考えるヒント

**問3**　富士山（3776m）は，円錐状《えんすいじょう》（コニーデ）の美しい形を持つ，日本でもっとも高い山である。

**問5**　火山灰地《かざんばいち》は，土地の性質《せいしつ》はやせていて水持ちは悪い。

**問6**　(2)　温泉《おんせん》と火山は深い関係《かんけい》があるので，温泉の分布《ぶんぷ》は，火山や火山帯《かざんたい》の分布ともっともよくにているものを選ぶ。

## ●日本一高い富士山《ふじさん》についてしらべよう

**2** 次の文章と地図について，あとの各《かく》問いに答えなさい。 ☞答えは108ページ

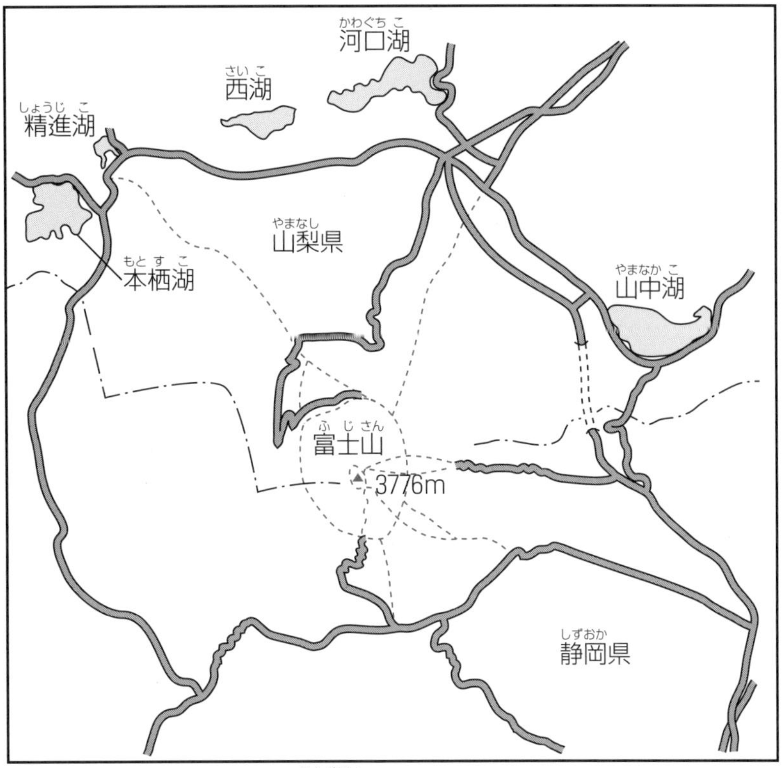


一・一は県境《けんざかい》　-----は登山道　▬▬はおもな道路

7月は，$_1$日本一高い山である富士山でも山開きが行われ，本格的《ほんかくてき》な夏山シーズンをむかえます。$_2$夏の登山シーズンには，とくに多くの人が富士山をおとずれ，登山者の列が頂上《ちょうじょう》までアリのようにつづきます。その頂上には，$_3$※富士山測候所《そっこうじょ》があります。

$_4$富士山は，すそ広がりの美しい形をしている火山です。記録《きろく》に残《のこ》っているだけでも，いまからおよそ300年前の江戸《えど》時代まで，14回も噴火《ふんか》をしたといわれています。現在《げんざい》の富士山は，新富士火山の噴火によって，火山灰《かざんばい》や溶岩《ようがん》がつみかさなってできたものです。その下には，それ以前に噴火していた小御岳《こみたけ》火山と古富士《こふじ》火山がかくされているのです。富士山が日本一高い山になったのは，三階建《だ》ての山だからなのです。また，富士山の噴火は山ろくに溶岩を流し，大きな湖を分けていきました。そして，$_5$富士五湖《ごこ》とよばれる湖が生まれたのです。

こうしてできた富士山のすそ野は，（　6　）ことが理由《りゆう》で，明治《めいじ》時代になるまではなかなか開発が進みませんでした。しかし，道路が整備《せいび》され，交通の便《べん》がよくなってからは開発が進み，現在ではホテルやみやげ物屋が建ちならぶ観光地《かんこうち》になっています。

※2008年，「富士山特別地域気象観測所《とくべつちいききしょうかんそくじょ》」と改名《かいめい》。

# レベルB問題演習

　また，富士山のすそ野には森林がよくしげっていて，それらの森林から切り出される木材《もくざい》は，富士山のまわりからわき出る水とともに2工業も発達《はったつ》させていきました。富士・富士宮《ふじのみや》といった都市は，そうした工業のさかんな都市としてよく知られています。

　富士山は，外国にも知られる日本を代表するシンボルでもあります。日本人とともに歩んできた富士山に，いつまでもその美しいすがたを残してもらいたいと日本人の多くが考えていることでしょう。

**問1**　文章中の下線部1について，(1)〜(3)の問いに答えなさい。

(1)　山頂のあたりは県境が正確《せいかく》に決められていませんが，富士山は，2つの県にまたがって位置《いち》しています。前の地図を参考《さんこう》にして，その2つの県の名を答えなさい。

(2)　富士山の標高《ひょうこう》を前の地図を参考にして，答えなさい。

(3)　富士山の標高が高くなったのは，その下にむかしの火山をのみこんでいるからです。富士山の下にいくつの火山がのみこまれていますか。前の文章をよく読んで数字で答えなさい。

**問2**　文章中の下線部2について，右のグラフは，富士山のふもとにある富士河口湖《かわぐちこ》町の観光《かんこう》客《きゃく》数を月ごとにあらわしたものです。

　次のA〜Dの文は，観光客の目的についてまとめたものです。それぞれの文の内容《ないよう》にあてはまる月を答えなさい。

**富士河口湖町の月別《つきべつ》観光客数(2018年)**

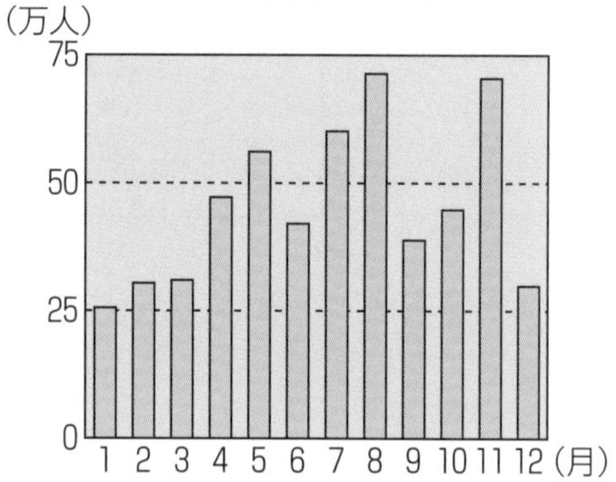


（「富士川口湖町観光統計」より作成）

A　学校や会社が夏休みとなり，一番富士山に登りやすい時期でもあり，多くの登山者がおとずれている。

B　初《はつ》日の出を見る人が多くおとずれている。

C　山のふもとでは紅葉《こうよう》が見られ，それを見るために多くの観光客がおとずれている。

D　ゴールデンウィークの長い休みを利用《りよう》し，残雪《ざんせつ》の春山を楽しむ人たちがおとずれている。

**問 3**　文章中の下線部 3 について，富士山測候所の説明《せつめい》としてふさわしいものを下のア～ウから選《えら》び，記号で答えなさい。

ア　テレビの映《うつ》りをよくするため，電波を全国へ送るしせつ

イ　飛行機《ひこうき》が山にぶつからないようにするための，目印《めじるし》になる光を出すしせつ

ウ　気温・湿度《しつど》・気圧《きあつ》などの気象観測を行うしせつ

**問 4**　文章中の下線部 4 について，富士山の形をした火山を下のア～エから選び，記号で答えなさい。

ア

イ

ウ

エ

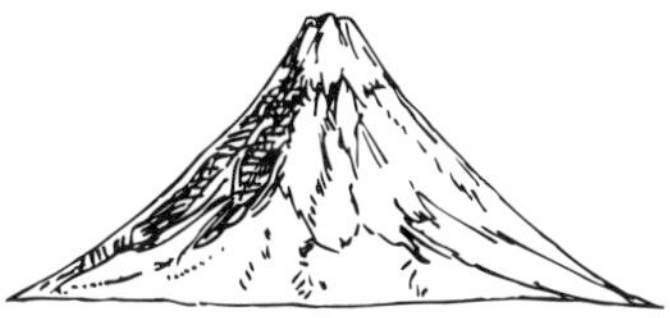

**問 5**　文章中の下線部 5 について，富士五湖のうち本栖湖・精進湖・西湖の 3 つの湖は，もともと 1 つの湖であり，いまでも地下でつながっているといわれています。そのようにいわれる理由として正しいものを下のア～ウから選び，記号で答えなさい。

ア　3 つの湖のもっとも深いところが，どこも同じ深さになっているから。

イ　3 つの湖の面積《めんせき》が，ほぼ同じくらいの広さになっているから。

ウ　3 つの湖で，同じように湖面の水位《すいい》が変化するから。

**問 6**　文章中の（　6　）にあてはまる文としてふさわしくないものを下のア～ウから選び，記号で答えなさい。

ア　雨水がすぐ地下にしみこんで，水がえにくい。

イ　火山灰がつもっていて，農業にあまり向かない。

ウ　標高が高く，人が生活するのに気温が高すぎる。

# レベルB問題演習

**問7**　文章中の下線部7について，この工業として正しいものを下のア〜ウから選び，記号で答えなさい。

ア　紙をつくる製紙《せいし》・パルプ工業

イ　鉄をつくる金属《きんぞく》工業

ウ　かんづめをつくる食料品《しょくりょうひん》工業

**問8**　日本一高い富士山は，多くの都道府県から見ることができます。次の地図は，富士山を見ることのできる都道府県をあらわしたものです。この地図を正しく読み取っているものを下のア〜オから2つ選び，記号で答えなさい。

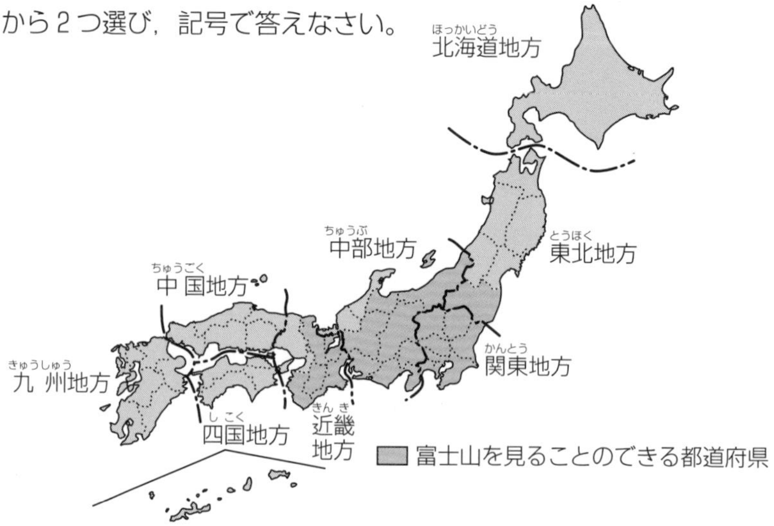


ア　富士山を見ることのできる都道府県の数は，全部で20ある。

イ　富士山を見ることのできる地方は，8地方のうちの3地方である。

ウ　中部地方の県で，富士山を見ることができないのは1つだけである。

エ　関東地方のすべての県から，富士山を見ることができる。

オ　近畿地方では，富士山を見ることができる県は3つだけである。

## 考えるヒント

**問1**　(3)　文章中に「その下には，それ以前に噴火《ふんか》していた小御岳《こみたけ》火山と古富士《こふじ》火山がかくされている」と書かれている。また，「三階建《だ》て」とも表現《ひょうげん》されている。

**問2**　問題文にあるように登山者が多い月で考える。

**問4**　図のアの形の火山として熊本《くまもと》県の阿蘇《あそ》山，イの形の火山として北海道《ほっかいどう》の昭和新山《しょうわしんざん》，ウの形の火山として福島《ふくしま》県の磐梯山《ばんだいさん》があげられる。

**問7**　富士山の南に位置《いち》する富士《ふじ》市や富士宮《ふじのみや》市は，富士山ろくの豊富《ほうふ》な木材やわき水を利用《りよう》して製紙《せいし》・パルプ工業がさかんになった。

物知りコラム②

# あれれ，富士山がいっぱいあるよ!?

(^o^)山梨《やまなし》県と静岡《しずおか》県の県境《けんざかい》にそびえる富士山《ふじさん》（3776m）は，コニーデとよばれる円錐状《えんすいじょう》の美しい形をした日本でもっとも高い山です。日本には，この富士の名をつけた“○○富士”の別名《べつめい》を持つ火山が各地《かくち》にあります。

次の地図は，日本各地にある“○○富士”の別名を持つおもな火山をしめしたものです。

わたしが本物《ほんもの》！
（富士山《ふじさん》）


©JR東海

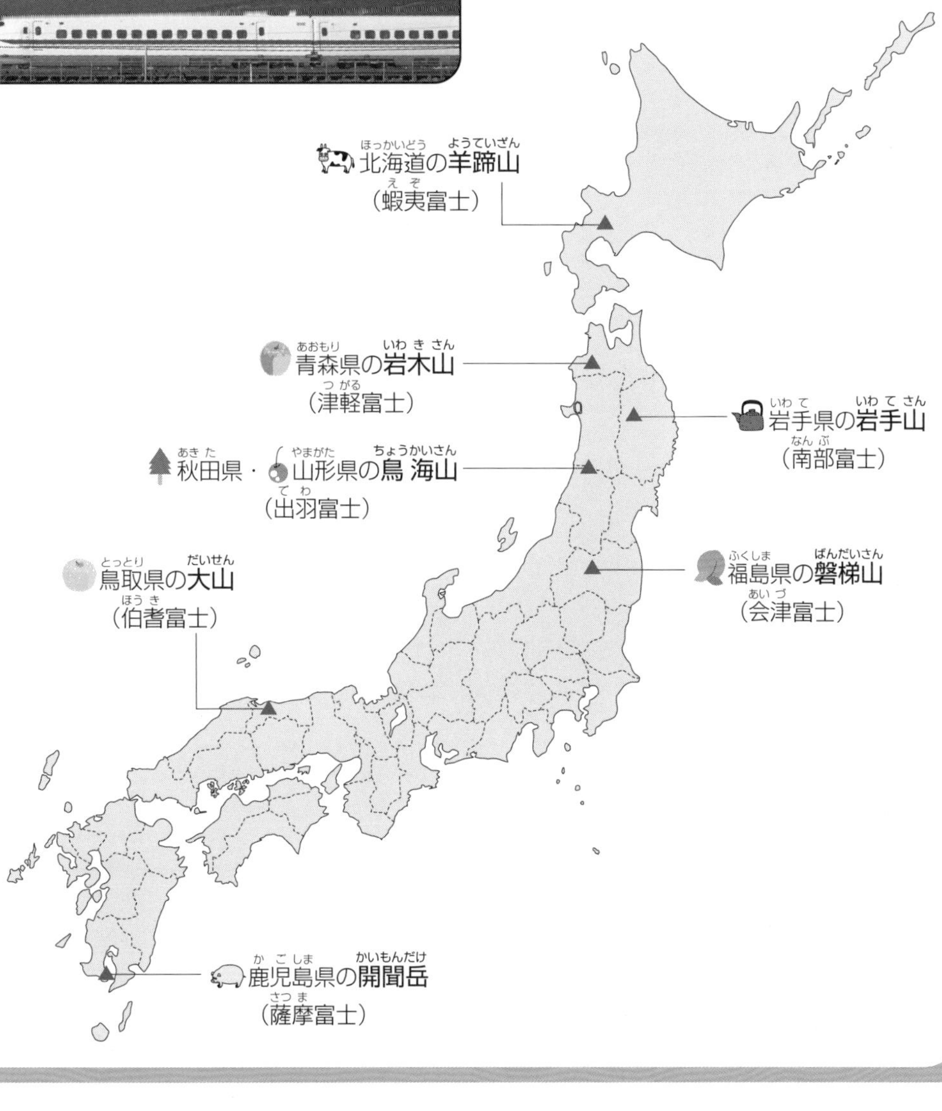

# 第4章　各地の気候や地形のようすをしらべる

# レベルC問題演習

## ●国土の大部分をしめる山地や森林についてしらべてみよう

日本の国土の美しさは，しばしば「山紫水明《さんしすいめい》」と表現《ひょうげん》されてきました。日本には美しい山地が多く，山地の多くは森林におおわれて水はすんでいます。日本の山地や森林について，次のⅠ・Ⅱの文章を読み，あとの各《かく》問いに答えなさい。

☞答えは108ページ

**Ⅰ　山地**

日本列島は，中央部に高い山脈《さんみゃく》がそびえ，それ自体が太平洋《たいへいよう》にうかぶ大きな山脈のようなもので，山地は国土のおよそ4分の3をしめています。しかも，活発な地かくの活動や火山活動があるため，［　　　　　　］になっています。いまでも蒸気《じょうき》やガスをふき出したり爆発《ばくはつ》したりして監視《かんし》が必要《ひつよう》とされる火山は，50もあります。

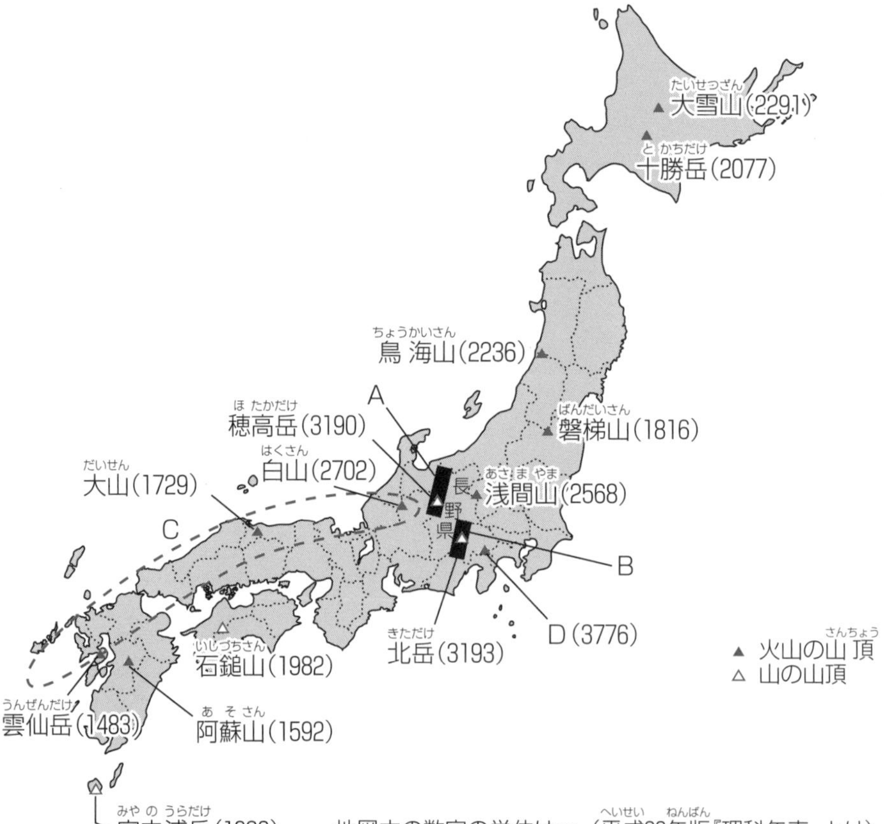


地図中の数字の単位はm（平成《へいせい》30年版《ねんばん》『理科年表』より）

**問1**　上のⅠの文章中の［　　　　　　］にあてはまる文を下のア～ウから選《えら》び，記号で答えなさい。

ア　地形はなだらかで単調《たんちょう》　　イ　地形はたいへん複雑《ふくざつ》　　ウ　地形は高くて平坦《へいたん》

**問2**　本州の中央部の長野《ながの》県やその県境《けんざかい》には，高くて美しい山脈がそびえています。これについて，⑴・⑵の問いに答えなさい。

⑴　本州の中央部は，高い山脈がそびえているため，「日本の（　1　）」とよばれています。また，それらの山脈は，その美しさがヨーロッパの山脈ににていることから，「日本（　2　）」とよばれています。

（　1　）・（　2　）にあてはまることばをそれぞれ答えなさい。

⑵　前の地図中のA・Bの山脈の名を下のア〜エから選び，それぞれ記号で答えなさい。

ア　奥羽《おうう》山脈　　イ　飛騨《ひだ》山脈　　ウ　赤石《あかいし》山脈　　エ　木曽《きそ》山脈

**問3**　日本には多くの火山があって，火山は7つの火山帯《かざんたい》にまとめられています。火山帯や火山について，⑴〜⑸の問いに答えなさい。

⑴　火山帯の名は，その火山帯を代表する火山の名からつけられています。前の地図中のCの火山帯の名は，石川《いしかわ》・福井《ふくい》・岐阜《ぎふ》3県の県境付近《ふきん》にそびえる火山の名からつけられています。Cの火山帯の名を答えなさい。

⑵　前の地図中のDの火山は，山梨《やまなし》と静岡《しずおか》の県境にそびえる，日本を代表する火山です。Dの火山の名を答えなさい。

⑶　次の①・②の説明《せつめい》にあてはまる火山を前の地図中から選んで，その名をそれぞれ答えなさい。

①　長崎《ながさき》県の島原《しまばら》半島にそびえるこの火山は，1991年におよそ200年ぶりに大噴火《だいふんか》をおこし，火砕流《かさいりゅう》が発生して，ふもとの集落をのみこんでしまいました。

②　群馬《ぐんま》と長野の県境にそびえるこの火山は，およそ200年前の江戸《えど》時代に大噴火をおこしました。北側《きたがわ》の斜面《しゃめん》に流れ出した溶岩《ようがん》はふもとの集落をのみこみ，鬼押出《おにおしだし》というかわった地形を生みました。

⑷　多くの火山がある日本ですが，四大島のうち，［　1　］には火山がなく，［　1　］と［　2　］には2000メートルをこす山はありません。

［　1　］・［　2　］にあてはまる島の名をそれぞれ答えなさい。ただし，同じ番号には同じ島があてはまります。

⑸　火山があると，どのようなよいことがありますか。ふさわしくないものを下のア〜エから選び，記号で答えなさい。

ア　温泉《おんせん》がわいて観光地《かんこうち》になる。

イ　火山の熱《ねつ》を利用《りよう》して発電できる。

ウ　火山や温泉の熱を暖房《だんぼう》に利用できる。

エ　火山灰地《かざんばいち》は土地が肥《こ》えていて水田に利用できる。

# レベルC問題演習

**Ⅱ　森林**

日本は，山がちな地形の上に，［　　　　　　　］ため，樹木《じゅもく》がよく育ち，国土のおよそ3分の2が森林となっています。森林は，水をたくわえる力が強く，水源《すいげん》をまもる上で重要《じゅうよう》なはたらきをしています。また，木材《もくざい》は，古くからいろいろなものに利用《りよう》されてきました。

**問4**　上のⅡの文章中の［　　　　　　　］にあてはまる文を下のア～ウから選び，記号で答えなさい。

ア　気温が低《ひく》くて降水量《こうすいりょう》が少ない
イ　気候《きこう》が温暖《おんだん》で降水量が多い
ウ　四季《しき》の区別《くべつ》があって降水量が少ない

**問5**　次の図は，山にふった雨を100としたときのようすをあらわしたものです。これについて，(1)～(3)の問いに答えなさい。

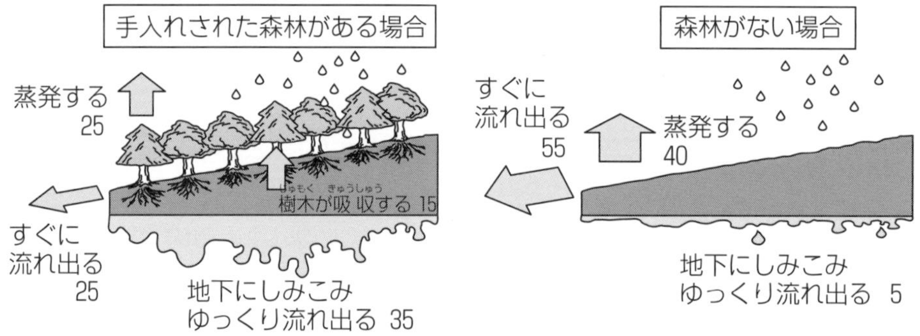


(1)　山にふる雨を100としたとき，森林がない場合にくらべて，森林があると，蒸発する水は［ 1 ］も少なく，すぐに流れ出る水は30も少なくなります。そして，樹木が吸収《きゅうしゅう》する水が新たにふえ，地下にしみこむ水は［ 2 ］も多くなります。
　［ 1 ］・［ 2 ］にあてはまる数字をそれぞれ答えなさい。

(2)　森林は，このように水をためるはたらきがあるので，「(　　)のダム」ともいわれています。
　(　　)にあてはまる色をあらわすことばをひらがな3字で答えなさい。

(3)　森林は，水をためるほかにもいろいろなはたらきがあります。森林のはたらきとしてふさわしくないものを下のア～エから選び，記号で答えなさい。

ア　土砂《どしゃ》くずれをふせぐ。　　イ　気温を高くする。
ウ　騒音《そうおん》をふせぐ。　　エ　酸素《さんそ》をつくる。

**問6**　木材はいろいろなものに利用され，わたしたちの生活と木は深い関係《かんけい》にあります。木を材料《ざいりょう》や原料にしてつくられていないものを下のア～オから2つ選び，記号で答えなさい。

ア　たんす　　イ　炭　　ウ　茶わん　　エ　紙　　オ　屋根《やね》がわら

**問7**　森林にめぐまれている日本ですが，使う木材の量《りょう》が多いために国内で生産《せいさん》した木材だけでは足りずに，外国から多くの木材を輸入《ゆにゅう》しています。木材の輸入量は，国内で使った木材から国内で生産した木材を引いた量であると考えられます。右のグラフは，国内で使った木材の量と国内で生産した木材の量の変化《へんか》をあらわしたものです。これを参考《さんこう》にして，外国から輸入した木材の量の変化をあらわしたグラフを下のア～ウから選び，記号で答えなさい。

**国内で使った木材の量と国内で生産した木材の量の変化**

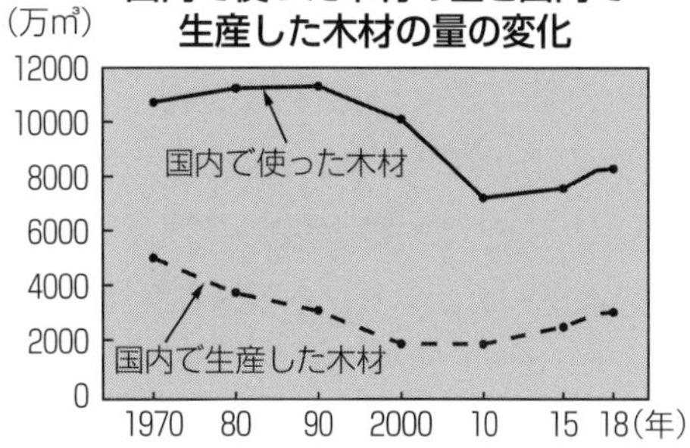


ア

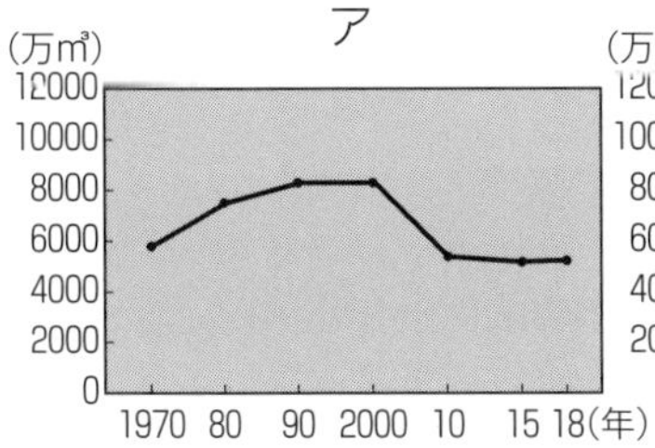


イ

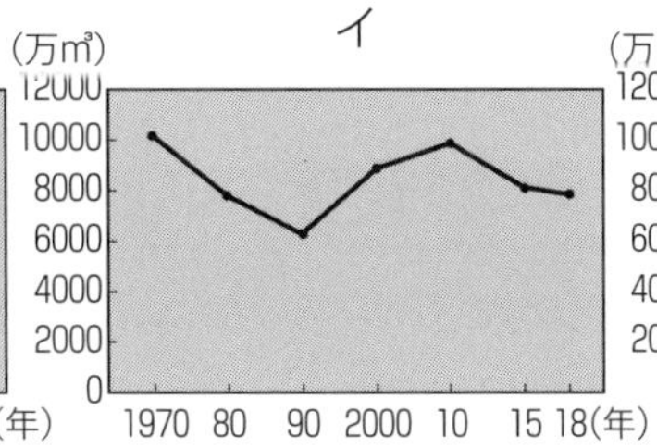


ウ

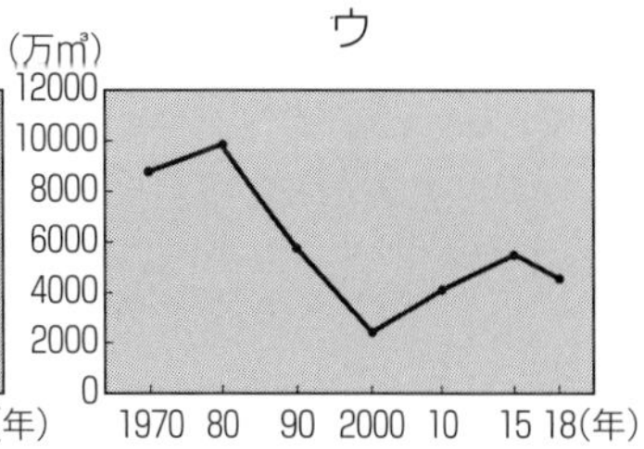


**問8**　日本の国土にしめる山地と森林の割合《わりあい》をあらわしたグラフを下のア～ウから選び，それぞれ記号で答えなさい。

ア

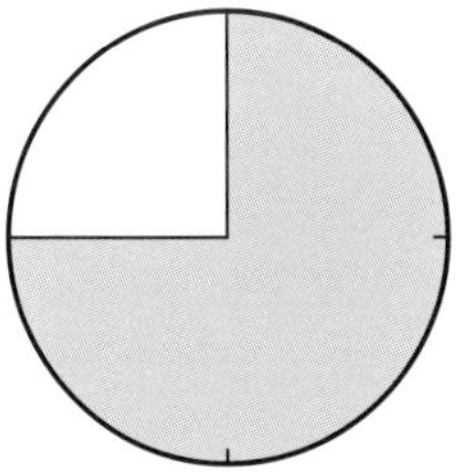

イ

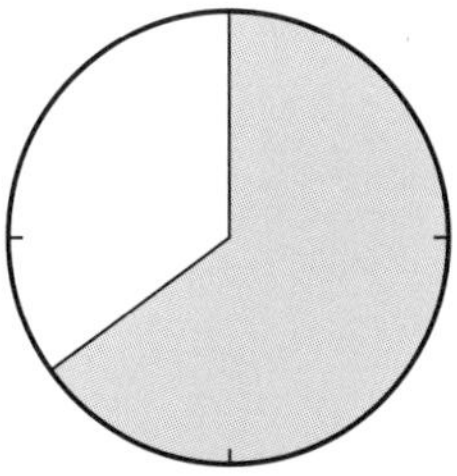

ウ

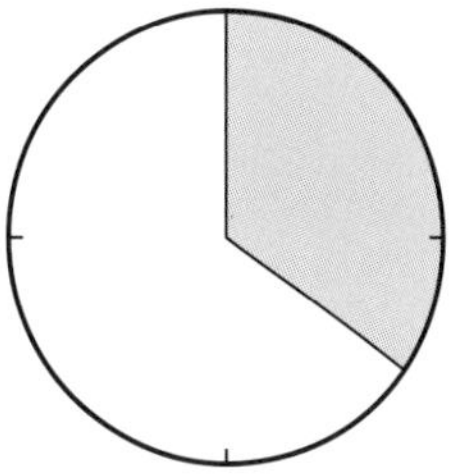

□の部分が山地・森林をしめすものとする。

## 考えるヒント

**問7**　木材《もくざい》の輸入量《ゆにゅうりょう》は，木材の不足分《ふそくぶん》を考えればよい。国内で使った木材の量から国内で生産した木材の量を引いたものが輸入量で，それを問題文中のグラフにしめすと，右のようになる。

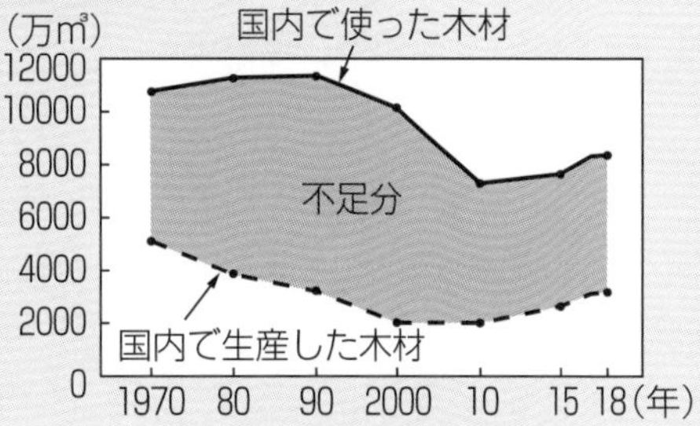


**問8**　最初《さいしょ》の文章中の4分の3や3分の2という数字をもとにして考える。

# 第5章 むかしといまのくらしのちがいを考える

## まとめのポイント

1. 食事や家のつくりの変化《へんか》を通してむかしといまをくらべてみよう。
2. 照明《しょうめい》や放送，情報手段《じょうほうしゅだん》の発達がわたしたちの生活におよぼしたえいきょうを考えてみよう。

## キーワード

発酵《はっこう》　保存《ほぞん》　南部曲屋《なんぶまがりや》
合掌《がっしょう》づくり　水屋《みずや》　沖縄《おきなわ》の家《いえ》
蛍光灯《けいこうとう》　LED《エルイーディー》　ラジオ
テレビ　インターネット

## 例題　食べ物の保存《ほぞん》の方法《ほうほう》を考えてみよう

◆　次の文章は，魚や肉などの食べ物をくさりにくくするくふうについて，書かれたものです。この文章を読み，あとの各《かく》問いに答えなさい。

> 食べ物をくさらす細菌《さいきん》などは，（　A　）ではふえにくいということを利用《りよう》して，一定の温度にたもつくふうです。そのため，1<u>電気製品《せいひん》</u>もつくられています。

> 食べ物をくさらす細菌などは，（　B　）ではふえにくいということを利用して，魚や肉にふくまれる水分を少なくするためのくふうです。そのために，2<u>日光にくり返しあて</u>，干《ほ》すことが行われるようになりました。

> （　C　）では生き物は死んでしまうということを利用して，魚や肉などをあらかじめ焼《や》いたり，にたりしたあと，3<u>ガラスや金属《きんぞく》の容器《ようき》に入れ，ふたと容器のすき間をなくすくふうです</u>。こうした製品は，外国で最初《さいしょ》につくられました。

**問1**　文章中の（　A　）～（　C　）にあてはまるものを下のア～ウから選《えら》び，それぞれ記号で答えなさい。

ア　かわいたところ　　イ　空気のないところ　　ウ　かなり低《ひく》い温度のもと

**問2**　文章中の下線部1について，食べ物を冷《ひ》やしたり，氷をつくったりすることのできる電気製品の名を答えなさい。

**問3**　文章中の下線部2について，日光にあてるくふうのほかにも，たき火のけむりで魚や肉をいぶすくふうがあります。このくふうによってつくられるものを下のア～エから選び，記号で答えなさい。

ア　くんせい　　イ　ひもの　　ウ　つくだに　　エ　つけもの

**問4**　文章中の下線部３について，金属《きんぞく》のふたと容器のすき間をなくした製品をひらがな４字で答えなさい。

**問5**　前の文章中のくふうのほかに，人間は，カビや目に見えない生き物の中から新しい食べ物や飲み物をつくり出すはたらきをするものを見つけて利用してきました。次の①～④のものからつくられた新しい食べ物や飲み物としてあてはまるものを下のア～エから選び，それぞれ記号で答えなさい。

①　大豆《だいず》　　②　牛乳《ぎゅうにゅう》　　③　小麦　　④　米

ア　みそ　　イ　酒　　ウ　チーズ　　エ　パン

**問6**　前の文章中のくふうのほかに，魚や肉を長い間くさらせないために海水をにつめてできる（　　　　）を使うくふうもあります。

（　　　　）にあてはまることばを答えなさい。

## 考え方

**問1**　食べ物をくさらせないようにし，できるだけ長い期間保存《ほぞん》するために，むかしからいろいろなくふうが行われてきました。

低《ひく》い温度にたもつ，
水分を少なくする，
空気からしゃだんする，
塩《しお》づけにする，
くんせいにする，

など，いろいろな方法《ほうほう》があります。

**問5**　物がくさることを腐敗《ふはい》するといいますが，このような作用の中にも人間にとって有用なものがあり，それを腐敗《ふはい》とは区別《くべつ》して発酵《はっこう》といいます。大豆《だいず》からつくられるみそやしょうゆ，牛乳からつくられるチーズ，米からつくられる酒，小麦からつくられるパンなどは，みなこの発酵を利用《りよう》した食べ物や飲み物で，わたしたちの生活にかかせないものとなっています。

## 解答

**問1**　A　ウ　　B　ア　　C　イ　　**問2**　電気冷蔵庫《れいぞうこ》　　**問3**　ア
**問4**　かんづめ　　**問5**　①ア　②ウ　③エ　④イ　　**問6**　塩《しお》

# レベルA問題演習

## ●各地《かくち》の家のつくりを気候《きこう》や土地のようすから考えてみよう

◆ 日本各地《かくち》には，古いつくりの家が，いまもそのままのすがたで残《のこ》っているところがあります。そのような家のあるところをしめした次の地図を見て，あとの各問いに答えなさい。

☞答えは108ページ

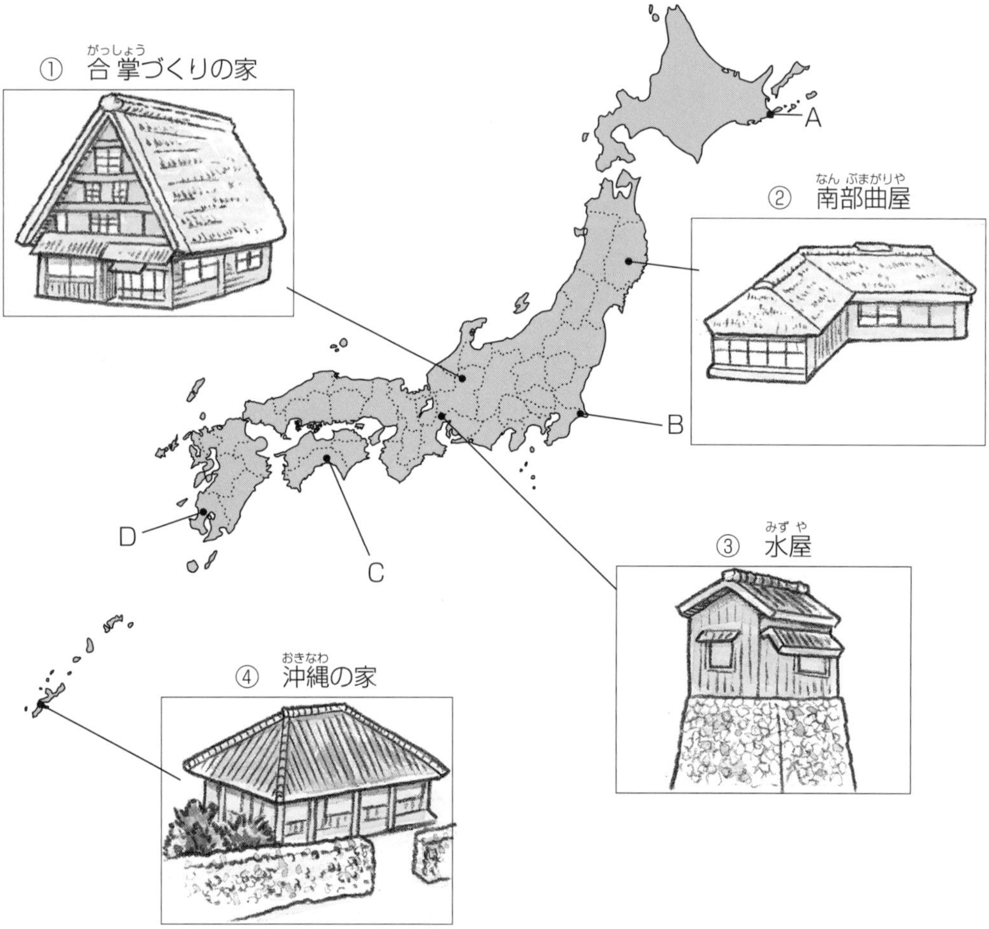


**問1**　地図中の①は，岐阜《ぎふ》県の飛騨《ひだ》地方に見られる合掌づくりの家です。この家について，⑴～⑶の問いに答えなさい。

⑴　飛騨地方は，冬のあいだ雪がたくさんふるところです。ふりつもった雪の重みが家全体にかからないようにするために，この家のつくりにはどんな特色《とくしょく》がありますか。地図中の合掌づくりの絵を参考《さんこう》にして，下のア～ウから選《えら》び，記号で答えなさい。

ア　高さの高い家にしている。

イ　屋根のかたむきを急にしている。

ウ　家のかべに大きな石を使っている。

⑵　この家の１階にはいろり（火をおこしてあたたまったり，食べ物のにたきもできる場所）があり，ここから立ちのぼるけむりが家全体に行きわたるつくりになっています。このようなつくりになっているのはなぜですか。あやまっているものを下のア～ウから選び，記号で答えなさい。

ア　柱や柱をしばっているなわをけむりのすすで強くするため。

イ　屋根に使われているカヤに虫がつかないようにするため。

ウ　家の中に外の明かりがよく入るようにするため。

⑶　この家では，人が住むのは１階で，２階以上は蚕《かいこ》を飼《か》うのに使われました。蚕の絵を下のア～ウから選び，記号で答えなさい。また，蚕は何のために飼っていたのでしょうか。カ～クから選び，記号で答えなさい。

ア　　　　イ　　　　ウ

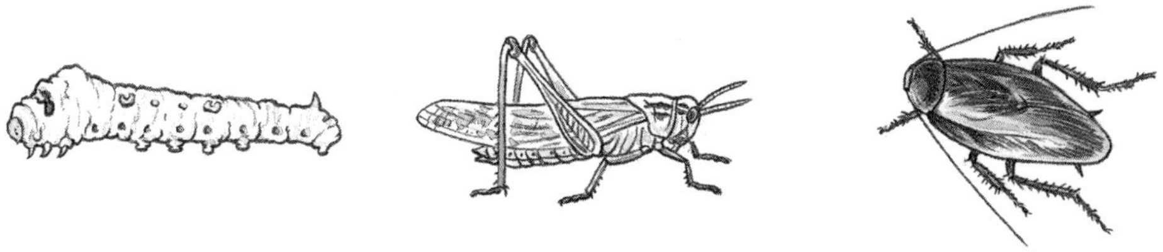

カ　蚕のまゆから糸をつくるため。

キ　蚕のふんを田や畑の肥料《ひりょう》にするため。

ク　蚕を牛や馬のエサにするため。

**問２**　地図中の②は，岩手《いわて》県の中部から青森《あおもり》県の東部にかけて見られる家で，南部曲屋とよばれています。この家について，⑴・⑵の問いに答えなさい。

⑴　この家は，人の住む母屋《おもや》と馬小屋《うまごや》がカギ型《がた》につながって建《た》てられています。このようなつくりになっているのはなぜですか。下のア～ウから選び，記号で答えなさい。

ア　夏のきびしい暑さから馬をまもるため。

イ　冬のきびしい寒さから馬をまもるため。

ウ　キツネやイノシシから馬をまもるため。

⑵　この家が見られる地方では，むかしから馬を飼うことがさかんでした。馬は何のために飼われていたのでしょうか。下のア～ウから選び，記号で答えなさい。

ア　馬に田畑の雑草《ざっそう》や，作物につく害虫《がいちゅう》を食べてもらうため。

イ　馬の乳《ちち》や肉を食料《しょくりょう》にしたり，皮を衣服《いふく》に利用《りよう》したりするため。

ウ　馬を使って荷物を運んだり，田畑をたがやしたりするため。

# レベルA問題演習

**問3**　地図中の③は，岐阜県の海津《かいづ》市に見られる家に残る建物で，水屋とよばれています。この建物について，⑴・⑵の問いに答えなさい。

⑴　海津市は，近くを大きな川がいくつも流れているため，[ 1 ]におそわれやすいところでした。水屋は，[ 1 ]のときにひなんする場所で，建物の中には，米やみそなどの食料《しょくりょう》のほか，ひなんするときに使う[ 2 ]もおいてありました。

[ 1 ]・[ 2 ]にあてはまることばを下のア～クから選び，それぞれ記号で答えなさい。

ア　津波《つなみ》　　イ　なだれ　　ウ　地震《じしん》　　エ　洪水《こうずい》
オ　馬車　　カ　小ぶね　　キ　荷車　　ク　かご

⑵　[ 1 ]のときのひなん場所だった水屋のつくりには，どんな特色がありますか。地図中の水屋の絵を参考にして下のア～ウから選び，記号で答えなさい。

ア　屋根に重いかわらが使われていること
イ　高い石がきの上に建てられていること
ウ　たくさんのまどや出入り口があること

**問4**　地図中の④は，沖縄県に見られる家です。この家について，⑴・⑵の問いに答えなさい。

⑴　この家は，沖縄の夏の暑さや，毎年のようにやってくる台風にそなえてくふうされたつくりになっています。この家の特色をのべた次のア～エの文を，夏の暑さにそなえたくふうと，台風にそなえたくふうに分け，それぞれ記号で答えなさい。ただし，同じ記号を２度使ってはいけません。

ア　家全体を低《ひく》く建てている。
イ　戸の部分を広くとっている。
ウ　屋根がわらをしっくいでぬりかためている。
エ　家のまわりを石がきや大きな木でかこんでいる。

⑵　沖縄は，雨がたくさんふるところですが，ふった雨をたくわえる大きな川や森がないため，むかしからたびたび水不足《みずぶそく》になることがありました。そこで古い沖縄の家の庭には，右の写真のように雨水をたくわえる大きな天水[ 　 ]がそなえてありました。

[ 　 ]にあてはまることばを下のア～エから選び，記号で答えなさい。

ア　ます　　イ　ひしゃく　　ウ　おけ　　エ　うす

**問5**　ここまでの問いから，各地に残る古い家は，その土地その土地の気候《きこう》や地形に合わせてくふうされていることがわかります。これは，いまの家のつくりにもいえることで，次の絵でしめされた家にもさまざまなくふうが見られます。このような家があるところを前の地図中のA～Dから選び，記号で答えなさい。

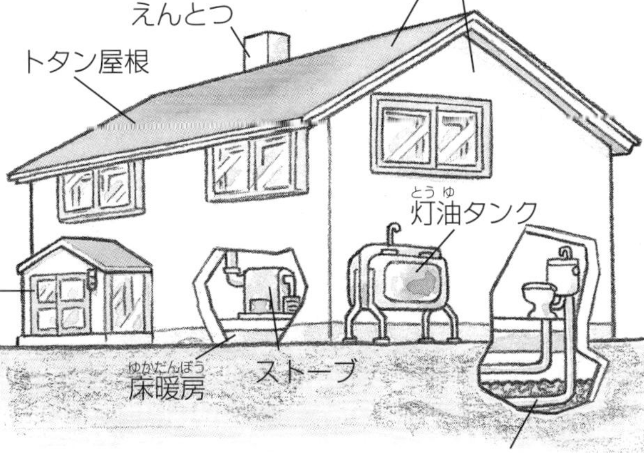


## 考えるヒント

**問1**　(1)「合掌《がっしょう》づくり」とは，両方の手のひらを合わせたような家のつくりのことである。屋根のかたむきは急で，家にかかる雪の重みを分散《ぶんさん》させるだけでなく，屋根につもった雪がすべり落ちやすくなっている。

(3) 蚕《かいこ》のまゆからつくられる糸を生糸《きいと》という。

**問2**　岩手《いわて》県は，本州《ほんしゅう》の北部に位置《いち》し，冬の寒さがきびしい。南部曲屋《なんぶまがりや》は，けむりを出すところが馬小屋《うまごや》の屋根についていて，炉《ろ》やかまどのけむりが馬小屋を通って出ていくようになっている。

**問4**　(2)「天水」とは，天からふってきた水という意味で，かんたんにいえば「雨水」のこと。

**問5**　絵を見ると，冬のきびしい寒さにそなえた家のつくりになっていることがわかる。

# レベルB問題演習

## ●照明《しょうめい》がはたす役割《やくわり》についてしらべてみよう

**1** 次の文章は，照明《しょうめい》について書かれたものです。これについて，あとの各《かく》問いに答えなさい。

☞答えは108ページ

「蛍雪《けいせつ》」ということばは，いまではほとんど使われなくなりました。これはむかし，まずしい人が［ 1 ］の光やまどの雪あかりで勉強したという中国の※故事《こじ》から生まれたもので，「苦労《くろう》して勉強すること」を意味します。

1日の半分は夜なので，$_A$照明の発達《はったつ》は，人びとの生活をゆたかにし，文化にも大きなえいきょうをあたえました。照明がどのように発達してきたかしらべてみましょう。

$_B$江戸《えど》時代には，家庭の照明は$_C$行灯《あんどん》でした。明治《めいじ》のはじめになると，アメリカ合衆国《がっしゅうこく》から［ 2 ］が輸入《ゆにゅう》されました。これは装置《そうち》がかんたんでなにより安かったので，多くの家庭に広まりました。一方，街路灯《がいろとう》には［ 3 ］が用いられ，近代《きんだい》日本の象徴《しょうちょう》となりました。

その後，家庭では［ 2 ］にかわってフィラメントの発熱《はつねつ》を利用する［ 4 ］が出現《しゅつげん》しました。これは自然《しぜん》に近い光を出し，［ 2 ］にくらべればあつかいやすく，ずっと明るいので急速に広まりました。しかし，広まったのは都市を中心とする地域《ちいき》で，多くの村では，昭和《しょうわ》に入っても，まだ［ 2 ］のところがありました。地方の高齢者《こうれいしゃ》の中には，「いままでで一番うれしかったことは［ 4 ］がついたときで，それまでにくらべるとあまりに明るいのでびっくりした。」という人が少なくありません。

太平洋戦争《たいへいようせんそう》のあとになると［ 5 ］が出現しました。これは電気の消費量《しょうひりょう》が少なく，しかも光量が多いので，いまではほとんどの家庭の照明になっています。こうした照明の変化《へんか》は，1960年代以後《いご》，地方の村にもおよび，屋内の照明については都市とのあいだにほとんど差《さ》がなくなりました。さらに最近《さいきん》では，より省電力《しょうでんりょく》のＬＥＤ《エルイーディー》（発光ダイオードを使ったもの）照明器具《きぐ》が普及《ふきゅう》し始めています。このような照明の発達によって，$_D$わたしたちの生活やまわりの環境《かんきょう》は，以前とくらべて大きく変化してきました。

※　故事とは，あることばやことがらのおこりとなった事実や言い伝《つた》え。

**問1**　上の文章中の［ 1 ］には，あるこん虫があてはまります。そのこん虫の名を答えなさい。

**問2**　上の文章中の［ 2 ］～［ 5 ］にあてはまる照明を下のア～エから選《えら》び，それぞれ記号で答えなさい。

ア　蛍光灯《けいこうとう》　　イ　白熱電灯《はくねつでんとう》　　ウ　石油ランプ　　エ　ガス灯

**問3**　下線部Ａについて，電灯を発明した人物を下のア～ウから選び，記号で答えなさい。

ア　ライト兄弟　　イ　ベル　　ウ　エジソン

**問4**　下線部Bについて，(1)〜(3)の問いに答えなさい。

(1)　江戸時代には家庭の照明として，行灯のほかに，ろうを棒《ぼう》の形にかためたものがあり，よった糸をしんにして火をつけてあかりとして使っていました。これを何といいますか。

(2)　上の(1)で答えたものは，風がふくと火が消えてしまうため，外では右の絵のようなものの中に入れて使っていました。これを何といいますか。

(3)　江戸時代の住まいには，まだガラスがなく，板戸《いたど》やふすま・しょうじが用いられていました。板戸やふすまとくらべたときのしょうじのよい点と悪い点を下のア〜エから選び，それぞれ記号で答えなさい。

ア　修理《しゅうり》しにくい。

イ　やぶれやすい。

ウ　外のあかりをとり入れることができる。

エ　外の空気をとり入れることができる。

**問5**　下線部Cについて，(1)・(2)の問いに答えなさい。

(1)　行灯の燃料《ねんりょう》は何という農作物からとった油を用いましたか。下のア〜ウから選び，記号で答えなさい。

ア　小麦　　　イ　なたね　　　ウ　とうもろこし

(2)　下の2つの地図は，(1)で答えた農作物を日本で多くつくっている1位《い》と2位の都道府《とどうふ》県《けん》（2019年）をあらわしたものです。これらの県の名をそれぞれ答えなさい。

1　位

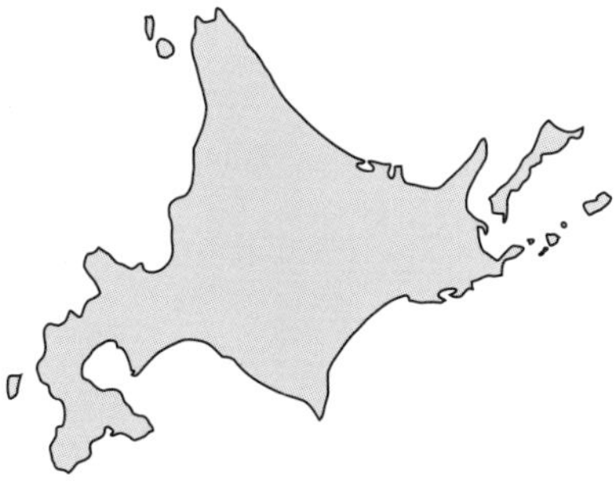

2　位

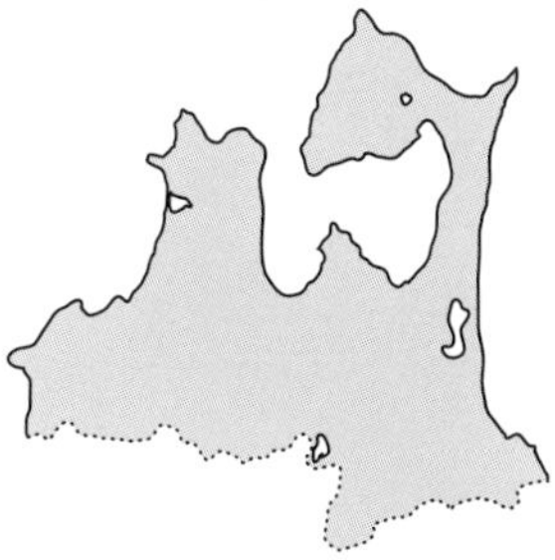

# レベルB問題演習

**問6**　下線部Dについて，(1)・(2)の問いに答えなさい。

(1)　照明の発達につれて，電力の使用量もたいへんふえてきました。下のグラフは，都道府県別《べつ》の電力使用量の割合《わりあい》をあらわしたものです。

都道府県別の電力使用量の割合(2016年)

| 東京 | 大阪 | 愛知 | □ | 千葉 | 埼玉 | その他 |
|---|---|---|---|---|---|---|
| 10.3% | 6.7 | 6.5 | 5.7 | 4.6 | 4.3 | 61.9 |

(資源《しげん》エネルギー庁《ちょう》『都道府県別エネルギー消費統計《とうけい》』より)

①　電力の使用量が多い上位４都道府県に共通《きょうつう》することとしてふさわしくないものを下のア～ウから選び，記号で答えなさい。

ア　人口が多い。　　イ　面積《めんせき》が広い。　　ウ　工業がさかんである。

②　グラフの中の４位にあてはまる都道府県を下のア～エから選び，記号で答えなさい。

ア　北海道《ほっかいどう》　　イ　神奈川《かながわ》県　　ウ　静岡《しずおか》県　　エ　広島《ひろしま》県

(2)　照明の発達につれて，わたしたちの生活も変化してきました。照明の発達によるえいきょうとしてふさわしくないものを下のア～エから選び，記号で答えなさい。

ア　照明が発達したことによって，わたしたちの生活は，むかしより昼と夜の区別が少なくなってきた。

イ　照明が発達したことによって，文字や音ばかりでなく，光によって宣伝《せんでん》することもできるようになった。

ウ　照明が発達したことによって，視力《しりょく》の落ちた人の割合は，むかしよりずっと少なくなった。

エ　照明が発達したことによって，夜でもスポーツの観戦《かんせん》をして楽しむことができるようになった。

## 考えるヒント

**問1**　解答《かいとう》は，「蛍雪《けいせつ》」の中にある。

**問4**　(1)　ろうは，はぜの実《み》からつくられた。

(3)　日本の住宅《じゅうたく》の中のしょうじの利点《りてん》・欠点《けってん》を考えてみよう。

**問6**　(1)②グラフ中の４位にあてはまる都道府県《とどうふけん》は，①で答えたことをもとにして考える。

## ●社会の変化《へんか》のようすをしらべてみよう

**2** 現在《げんざい》の社会のようすや社会が変化《へんか》してきたようすをしらべるために，さまざまな統計資料《とうけいしりょう》があります。統計資料について，あとの各《かく》問いに答えなさい。 ☞答えは108ページ

**問1** 次の資料①は，小学生の生活時間を，戦前《せんぜん》（1941年）と現代《げんだい》（2000年）でくらべたものです。行動分類《ぶんるい》については，戦前と現代で一部表現《ひょうげん》がことなっているものもありますが，だいたい同じ内容《ないよう》でくらべています。この資料について，(1)・(2)の問いに答えなさい。

**資料①　小学生の生活時間の変化**　（時間．分）

| 行動分類《ぶんるい》 | 1941年（昭和16）国民《こくみん》学校５年 男 | 1941年（昭和16）国民学校５年 女 |
|---|---|---|
| 睡眠《すいみん》 | 9.35 | 9.29 |
| 食事 | 0.49 | 0.49 |
| 身の回り・入浴《にゅうよく》 | 0.52 | 0.57 |
| 授業《じゅぎょう》 | 6.02 | 6.01 |
| 勉強 | 1.12 | 1.27 |
| 通学 | 0.56 | 0.59 |
| 用事 | 1.21 | 1.42 |
| 休息 | 0.48 | 0.48 |
| 遊び | 1.46 | 1.23 |
| 教養《きょうよう》 | 0.30 | 0.24 |

| 行動分類 | 2000年 小学校 10歳以上《さいいじょう》 |
|---|---|
| 睡眠 | 8.43 |
| 食事 | 1.27 |
| 身の回りの用事 | 0.55 |
| 授業・学内の活動 | 6.27 |
| 学校外の学習 | 1.01 |
| 通学 | 0.46 |
| 家事・仕事 | 0.13 |
| 休息・療養《りょうよう》・静養《せいよう》 | 0.19 |
| レジャー活動 | 1.42 |
| マスメディア接触《せっしょく》（新聞，雑誌《ざっし》，本，テレビなど） | 2.49 |

（ＮＨＫ世論《よろん》調査《ちょうさ》部『国民生活時間調査《ちょうさ》』より）

(1) 資料①についてのべたものとしてあやまっているものを下のア～ウから選《えら》び，記号で答えなさい。

ア　現代の小学生のほうが，戦前よりゆっくり食事をとっている。

イ　現代の小学生は，学校ですごす時間が戦前より短くなった。

ウ　戦前の小学生のほうが，睡眠時間が長かった。

(2) 資料①を見て，次のように判断《はんだん》しました。正しい場合は○，あやまっている場合は×と答えなさい。

- 現代の小学生は，戦前とくらべて，学校外の学習時間はへっており，テレビや雑誌などマスメディアに接触している時間が長いといえる。

第5章　むかしといまのくらしのちがいを考える

# レベルB問題演習

**問 2**　次の資料②は，日本とアメリカ，韓国《かんこく》の子どもについて家事分担《ぶんたん》をくらべたものです。この資料について，(1)・(2)の問いに答えなさい。

**資料②　日本とアメリカ、韓国の子どもの家事分担**

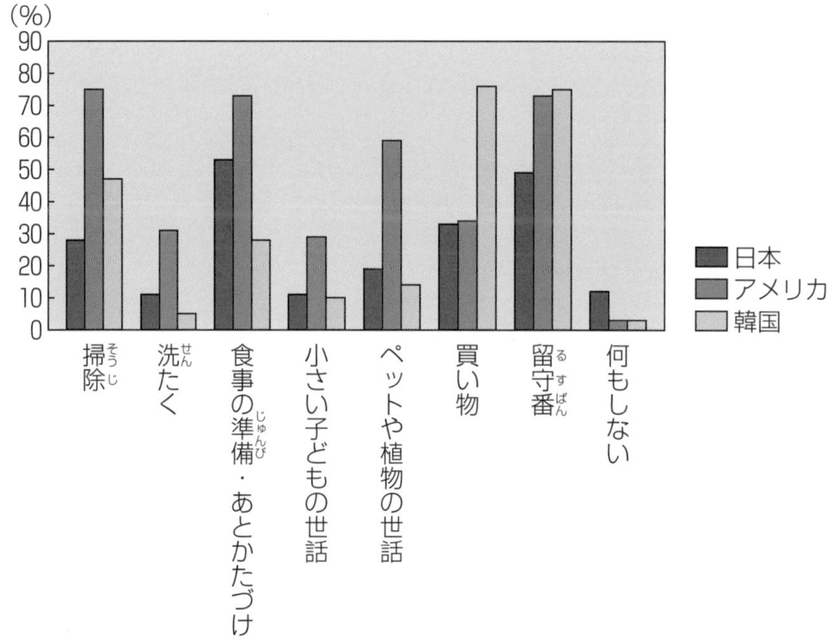


（総務庁《そうむちょう》青少年対策《たいさく》本部『子供《こども》と家族に対する国際比較《こくさいひかく》調査』（複数《ふくすう》回答，1994年）より）

(1)　資料②についてのべたものとしてあやまっているものを下のア～ウから選び，記号で答えなさい。

ア　韓国の子どもは，ほかの 2 か国とくらべて，買い物などのお使いをしている子どもの割合《わりあい》が高い。

イ　アメリカの子どもは，ほかの 2 か国とくらべて，掃除や食事の準備・あとかたづけなどの手伝《てつだ》いをしている子どもの割合が高い。

ウ　どの項目《こうもく》でも，アメリカの子どもが手伝っている割合がもっとも高い。

(2)　資料②を見て，次のように判断しました。正しい場合は○，あやまっている場合は×と答えなさい。

| |
|---|
| 日本の子どもたちは，ほかの国の子どもたちよりも短い時間で多くの手伝いをしているといえる。 |

**問 3**　次の資料③は，男女別《だんじょべつ》に，１日の家事にあてている時間をあらわしたものです。この資料について，(1)・(2)の問いに答えなさい。

**資料③　男女別の種類別《しゅるいべつ》家事にあてている時間**

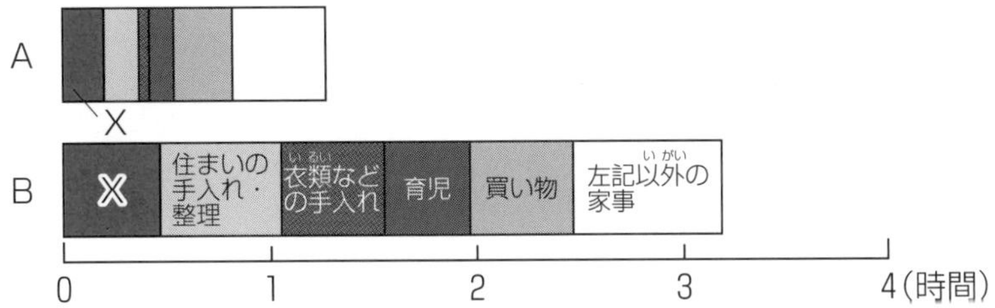


(総務省《そうむしょう》「平成《へいせい》28年社会生活基本《きほん》調査結果《けっか》」より)

(1)　女性《じょせい》をあらわしているのは，ＡとＢのどちらですか。記号で答えなさい。

(2)　グラフ中のＸは，どんな家事をしている時間だと思われますか。ふさわしいものを下のア～ウから選び，記号で答えなさい。

ア　炊事《すいじ》　　　イ　洗たく　　　ウ　そうじ

**問 4**　次の資料④は，日本とアメリカ，スウェーデン，ドイツ，フランスの５か国について，年齢別《ねんれいべつ》に女性がはたらいている割合をあらわしたものです。この資料について，(1)・(2)の問いに答えなさい。

**資料④　おもな国のはたらいている女性の年齢別割合**

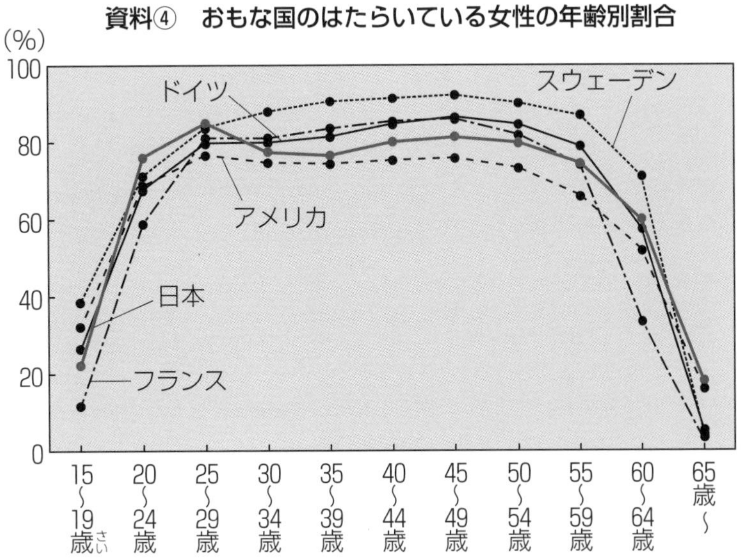


(2019年，総務省「労働力調査(基本集計)」ほか)

# レベルB問題演習

(1)　日本の女性は，ほかの4か国にくらべて，30～39歳で割合が低《ひく》くなっています。その理由を下のア～ウから選び，記号で答えなさい。

ア　このころ，ちょうど大きな病気にかかりやすいから。

イ　このころ，ちょうど出産《しゅっさん》・子育てがあるから。

ウ　このころ，ちょうど母親や父親の介護《かいご》があるから。

(2)　(1)で答えたことは，ほかの4か国でもあてはまります。それなのに日本だけ割合が下がっている理由としてふさわしいものを下のア～ウから選び，記号で答えなさい。

ア　病気にかかった人を治療《ちりょう》する病院が少ないから。

イ　子どもをあずける託児所《たくじしょ》や保育園《ほいくえん》が少ないから。

ウ　老人《ろうじん》ホームの数が不足《ふそく》しているから。

## 考えるヒント

**問1**　現代《げんだい》の子どもは，戦前《せんぜん》とくらべて，睡眠《すいみん》時間は少しへり，食事の時間はふえている。また，最近は塾《じゅく》に行く子どもも多いので，学校外の学習がふえているように思いがちであるが，学校外の勉強時間は意外にも戦前の子どもたちのほうが長いという結果《けっか》がしめされている。一番大きくちがっているのは，教養《きょうよう》とマスメディア接触《せっしょく》の時間である。最近は，本や雑誌《ざっし》，テレビなどを見る時間がふえている。もっとも，戦前にはテレビはなかった。

**問2**　資料《しりょう》②からは，日本・アメリカ・韓国《かんこく》の子どもたちのようすや子どもに対する親のしつけのようすがうかびあがってくる。韓国の子どもは，ほかの2か国とくらべて，買い物などのお使いをしている割合《わりあい》が高く，アメリカの子どもは，ほかの2か国とくらべて，掃除《そうじ》や食事の準備《じゅんび》・あとかたづけの手伝《てつだ》いをしている割合が高い，ということが読み取れる。一方，日本の子どもは，ほかの2か国とくらべて，何もしない割合が高い。決して短い時間で多くの手伝いをしているわけではない。

**問3**　家事にあてる時間が少ないAが男性《だんせい》をしめし，Bが女性をしめしている。男性では買い物がもっとも長く，女性では炊事《すいじ》などの食事の管理《かんり》がもっとも長くなっている。選択肢《せんたくし》にあるイの洗《せん》たくは「衣類《いるい》などの手入れ」にふくまれ，ウのそうじは「住まいの手入れ・整理」にふくまれる。

# レベルC問題演習

## ●各地《かくち》の祭りの起源《きげん》を考えてみよう

**1** 次の文章を読んで，あとの各《かく》問いに答えなさい。 ☞答えは108ページ

♬『村まつり』♬

1　村の鎮守《ちんじゅ》の神様の
今日《きょう》はめでたいお祭日《まつりび》
ドンドンヒャララ　ドンヒャララ
ドンドンヒャララ　ドンヒャララ
朝から聞こえる笛太鼓《ふえたいこ》

2　年も豊年満作《ほうねんまんさく》で
村は総出《そうで》の大祭
ドンドンヒャララ　ドンヒャララ
ドンドンヒャララ　ドンヒャララ
夜までにぎわう宮の森

かつては，この歌のように，どこの村にも「鎮守《ちんじゅ》の森」がありました。「鎮守」ということばには，「その土地をしずめ，まもる神」という意味があります。ですから，こうした鎮守の森には，多くの場合［　1　］がつくられていました。その［　1　］をとりかこむ森を「鎮守の森」といったのです。村は，こうした鎮守の森を中心につくられていました。鎮守の森が，村の人びとの生活の中心だったのです。

村に住む人びとは，よいことがあったり，悪いことがあったりすると，その土地の神様においのりしました。これが「祭り」です。お祭りをして神様によいことがあるようにおねがいしたのです。

たとえば，海の近くの村では神様に［　2　］をおねがいしました。いまでも，各地《かくち》で行われている「大漁祭《たいりょうさい》」などは，このなごりだといえます。また，農村で秋に行われる「村祭り」は［　3　］を土地の神様に感謝《かんしゃ》したものでした。

こうした「大漁祭」や「村祭り」以外《いがい》にも，その土地に住む人びとの生活と結《むす》びついた「祭り」が行われていました。そして，4その多くは「鎮守の森」から始まっていたのです。

いまでも，各地でいろいろな「祭り」が行われています。5しかし，そうした「祭り」のほとんどは，むかしのように，「土地の神様」に何かをねがったり，感謝したりする，という意味がうすくなってしまっています。また，「鎮守の森」自体も，どんどん少なくなっているのです。

**問1**　上の文章中の［　1　］には，神様をまつる社《やしろ》を意味することばがあてはまります。このことばを答えなさい。ただし，2つとも同じことばです。

# レベルC問題演習

**問2**　前の文章中の［　2　］・［　3　］にあてはまる文を，下のア～オから選《えら》び，それぞれ記号で答えなさい。

ア　その年にぶじにいねが収穫《しゅうかく》できたこと
イ　台風によって海が荒《あ》れて被害《ひがい》を受けたりしないこと
ウ　いねがよく育ってたくさんの米がとれること
エ　海が荒れずにたくさんの魚がとれること
オ　そうなんしてなくなった人の霊《れい》をなぐさめること

**問3**　前の文章中の下線部４について，「鎮守の森」から出発する「祭り」には，「みこし」が出されます。この「みこし」は何のために出されるのでしょうか。下のア～ウから正しいものを選び，記号で答えなさい。

ア　神様のおかげで，その土地がゆたかになったことを村中に知らせるため。
イ　土地の神様が村のいろいろな場所に福をさずけるため。
ウ　村の若者《わかもの》たちのいきおいの強さをしめすため。

**問4**　前の文章中の下線部５について，⑴～⑶の問いに答えなさい。

⑴　最近《さいきん》では，各地の祭りが，そのもともとの意味をうしなって，別《べつ》の目的《もくてき》で行われることが多くなっています。その別の目的としてふさわしくないものを下のア～ウから選び，記号で答えなさい。

ア　商店街《しょうてんがい》が，お客を集めるため。
イ　祭りを見物する人から国が税金《ぜいきん》を集めるため。
ウ　祭りを売りものにして観光客《かんこうきゃく》を集めるため。

⑵　村によっては，こうした祭りが行われなくなってしまったところも少なくありません。その理由として考えられることを，次のページのグラフを参考《さんこう》にして，下のア～オから２つ選び，記号で答えなさい。

ア　その土地と深く結びついた仕事をする人の数がへってきているため。
イ　町や村にも大きなビルが建《た》ちならび，工場がつくられるようになったため。
ウ　町や村の人口が急にふえ，祭りのやり方を知らない人がほとんどになったため。
エ　工場ではたらく人が急に多くなり，土地との結びつきが弱くなったため。
オ　町や村に住む人がどんどん都市へ出て行き，町や村の人口が少なくなったため。

グラフ１　市と町村の人口の移《うつ》り変《か》わり

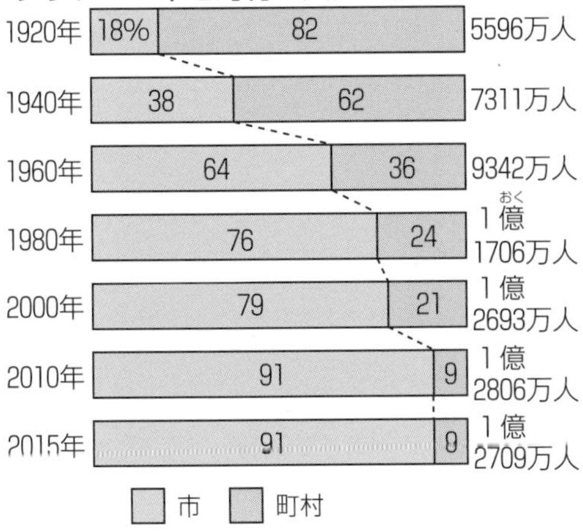


グラフ２　いろいろな仕事ではたらく人の数の移り変わり

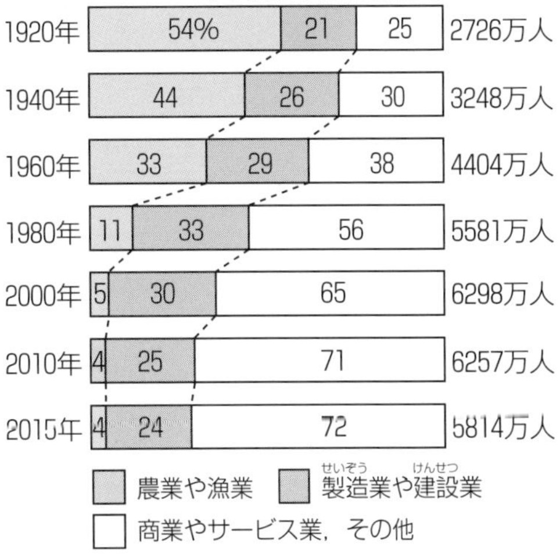


(3)　大きな都市のまわりでは，「鎮守の森」もあまり見られなくなっただけでなく，残《のこ》っていたとしても，そのまわりの風景《ふうけい》はむかしとはずいぶん変《か》わってきています。こうした変化《へんか》がおこった理由を説明《せつめい》した文として，もっともふさわしいものを下のア～ウから選び，記号で答えなさい。

ア　大都市に住む人びとの食べ物をつくるため，「鎮守の森」のまわりに田や畑がどんどんふえていっただけでなく，森を切りくずして田や畑に変えていったから。

イ　大都市の人口がふえるにしたがって，住宅《じゅうたく》がどんどん郊外《こうがい》につくられるようになり，「鎮守の森」のまわりに広がる田や畑がつぶされて住宅地に変えられていったから。

ウ　大都市に住む人びとが自然《しぜん》にふれることができるように，「鎮守の森」のまわりに広がる田や畑がつぶされて，大きな公園がつぎつぎにつくられていったから。

**問５**　こうした「鎮守の森」を中心にした祭り以外にも，日本にはいろいろな祭りがあります。そうした祭りの中に，むかし中国から「星祭り」などの行事として伝《つた》わり，日本の夏の年中行事としていまでも各地でさかんに行われているものがあります。この祭りを何といいますか。また，この祭りが行われる月・日を答えなさい。

## 考えるヒント

**問２**　漁村《ぎょそん》では海の安全や大漁《たいりょう》をおねがいした。農村では，春に豊作《ほうさく》をいのり，秋には収穫《しゅうかく》を感謝《かんしゃ》した。「能《のう》」という舞台芸術《ぶたいげいじゅつ》も，その起源《きげん》は豊作をねがう農民の祭りだった。

**問３**　「祭り」は，そもそもは「神を祭ること」だった。そして，「政」と書いて「まつりごと」と読むことがあるように，むかしは神を祭ることも政治《せいじ》の重要《じゅうよう》な仕事だった。

# レベルC問題演習

## ●各地《かくち》の方言を考えてみよう

**2** 方言や訛《なまり》について次の文章を読み，あとの各《かく》問いに答えなさい。 ☞答えは108ページ

あなたは，方言や訛《なまり》についてどのような感想を持っていますか。国語辞典《じてん》によると，方言とは「　　A　　」とあります。方言と同じような意味を持つことばに「訛《なまり》」があります。これは「標準語《ひょうじゅんご》とくらべてちがいがある地方的《ちほうてき》な発音」のことで，「B訛《なまり》は国の手形《てがた》」ということわざもあります。

藤沢周平《ふじさわしゅうへい》という作家が，ある小説《しょうせつ》のあとがきの中で次のようなことを書いていました。

「故郷《ふるさと》へ帰って会合があり，挨拶《あいさつ》を頼《たの》まれたので，田舎《いなか》の言葉で話したところ，あとで，故郷にずっと住んでいる人から『Cさっきの言葉は村ではもう使う人がいない，懐《なつ》かしい言葉を聞いた。』と言われた。」（一部要約《ようやく》）

これにつづけて，藤沢は次のようにのべています。

「しかし私《わたし》は，自分の中にある郷里《きょうり》の言葉をそう簡単《かんたん》には捨《す》てる気になれない。それらの言葉を手がかりに，私はものを感じたり考えたりし，つまりは世界を認識《にんしき》したのであり，言葉はそういうものとして，いまも私の中に生き残《のこ》っているからである。」

方言は，その人が生まれ育ったふるさとのことばです。ふるさとのことばは，そこで育った人にとって，なつかしい山や川と同じようなふるさとそのものではないでしょうか。（　D　）県出身の石川啄木《たくぼく》は，「ふるさとの訛《なまり》なつかし　停車場《ていしゃば》の人ごみの中に　そを聴《き》きにゆく」（『一握《いちあく》の砂《すな》』より）と歌いました。

**問1**　「　　A　　」にあてはまる説明《せつめい》を下のア～ウから選《えら》び，記号で答えなさい。

ア　ことばをちぢめて言う言い方

イ　標準語をもとにして，それをやさしく言いかえた語

ウ　共通語《きょうつうご》・標準語とはことなった形で，一地方だけで使われている語

**問2**　下線部Bのことわざの意味としてふさわしいものを下のア～ウから選び，記号で答えなさい。

ア　話していることばによって，日本人か外国人かわかること

イ　ことばの発音によって，出身地がわかること

ウ　ことばの発音によって，ことばの使い方がきれいかきたないかがわかること

**問3**　下線部Cのように，地方でも方言を使う人がへって，標準語を使う人がふえましたが，これは，およそ昭和30年代(1955～1964年)や昭和40年代(1965～1974年)に進行しました。この背景《はいけい》を説明したものとしてふさわしいものを下のア～ウから選び，記号で答えなさい。

ア　各家庭にラジオが広まり，生まれたときから標準語を耳にしているから。

イ　各家庭にテレビが広まり，生まれたときから標準語を話す人を見たり聞いたりしているから。

ウ　各家庭にインターネットが広まり，標準語で情報《じょうほう》を発信《はっしん》したり受け取ったりしているから。

**問4**　(　D　)にあてはまる県は，北を青森《あおもり》県，西を秋田《あきた》県，南を宮城《みやぎ》県に接《せっ》しています。(　D　)にあてはまる県の名を答えなさい。

**問5**　次の表は，47都道府県《とどうふけん》のうちから13県を選んで，「いそがしい（忙しい）」「すてる（捨てる）」「こわれる（壊れる）」という3つのことばについて，それぞれの県でどのように言われているのかをまとめたものです。

| 地方 | 県 | いそがしい | すてる | こわれる |
|---|---|---|---|---|
| (　あ　)地方 | 青森県 | せわしい | なげる | かれる |
| | 秋田県 | せわしね | なげる | ぼっこれる |
| 関東《かんとう》地方 | 茨城《いばらき》県 | いそがしい | かっぽる | ふっちゃげる |
| | 群馬《ぐんま》県 | いそがしい | ぶちゃる | おっこわれる |
| (　い　)地方 | 山梨《やまなし》県 | やせったい | ぶちゃる | おえる |
| | (　え　)県 | いそがしい | なげる | ぼっこす |
| | 富山《とやま》県 | せわしい | ほかす | ばれる |
| | 愛知《あいち》県 | いそがしい | ほかる | くしゃける |
| 近畿《きんき》地方 | (　お　)県 | せわしい | ほかす | つぶれる |
| 中国地方 | 岡山《おかやま》県 | おことい | ほうる | めげる |
| | 広島県 | せわしい | ほうる | めげる |
| (　う　)地方 | 熊本《くまもと》県 | いそがしか | うしつる | うちこわれる |
| | 鹿児島《かごしま》県 | いそがしか | うせる | うじくる |

表は代表的《だいひょうてき》な例《れい》で，同じ県の中でもこれ以外《いがい》の表現《ひょうげん》をするところもある。

# レベルC問題演習

(1)　（　あ　）～（　う　）にあてはまる地方の名をそれぞれ答えなさい。

(2)　（　え　）・（　お　）にあてはまる県の名を下のア～オから選び，それぞれ記号で答えなさい。

ア　栃木《とちぎ》　　イ　新潟《にいがた》　　ウ　奈良《なら》　　エ　愛媛《えひめ》　　オ　山口《やまぐち》

(3)　前の表についての説明としてふさわしくないものを下のア～エから選び，記号で答えなさい。

ア　「いそがしい」ことを「せわしい」と言う表現は，北のほうに位置《いち》する県から西のほうに位置する県まで，広いはんいで使われている。

イ　関東地方の県は「いそがしい」を標準語どおりに使っているので，ほかのことばでもほとんど標準語が使われていると推測《すいそく》できる。

ウ　「こわれる」ことを「めげる」と表現したり，「すてる」ことを「ほうる」と表現するのは，同じ地方の県なので，近いところは方言もにていることがあると推測できる。

エ　「いそがしい」「すてる」「こわれる」について各地でいろいろな表現があることをもとにすると，このほかにも各地でことなったさまざまな表現があることが推測できる。

## 考えるヒント

**問1**　方言と訛《なまり》はよくにているので，この2つを区別《くべつ》するのは少しむずかしい。国語辞典《じてん》によると，方言とは「共通《きょうつう》語・標準《ひょうじゅん》語とはことなった形で，一地方だけで使われている語」のことで，訛《なまり》とは「標準語とくらべてちがいがある地方的《ちほうてき》な発音」のことである。しかし，代表的《だいひょうてき》な国語辞典である『広辞苑《こうじえん》』では，訛《なまり》について「標準語にくらべて音韻《おんいん》上多少の相違《そうい》がある地方的な発音，またはその言語」とあり，発音だけでなく，言語をさすこともあるとしている。

**問3**　「昭和30年代や昭和40年代に進行した」ということをもとにして選択肢《せんたくし》を考えてみる。昭和30年代とは1955年から1964年まで，昭和40年代とは1965年から1974年までのことである。ラジオ放送は昭和時代の前の大正時代の末《すえ》に始まった。また，インターネットが広まり始めたのは，1990年代のことである。

**問5**　(3)「いそがしい」を「せわしい」と表現《ひょうげん》するのは，いろいろな県でみられる。関東地方の県は「いそがしい」は標準語どおりに使っているが，「すてる」は「かっぽる」や「ぶちゃる」と言い，「こわれる」は「ふっちゃげる」や「おっこわれる」と言う。首都東京に近い県でもさまざまな方言があることが推測《すいそく》できる。

## ●食生活の変化《へんか》についてしらべてみよう

**3** 次の文章を読み，資料《しりょう》①～資料④を参考《さんこう》にして，あとの各《かく》問いに答えなさい。

☞答えは108ページ

### あなたはだれと食事をしていますか？

子どもたちを教え育てる教育として，知識《ちしき》を重視《じゅうし》して教える「（　1　）育」や，身体《しんたい》のすこやかな発達《はったつ》をうながす「（　2　）育」，道徳面《どうとくめん》での「徳育《とくいく》」というものがあります。最近《さいきん》では，食事を中心としてさまざまなしつけやマナーを教える「食育」ということばを聞くことが多くなり，「食育」がクローズアップされるようになりました。

食べることは，人間が生きていくうえでもっとも基本的《きほんてき》なことです。しかし，日本の社会がゆたかになり，食べ物があふれる中で，子どもたちを中心に食生活がみだれてきているといわれています。食生活のみだれによって，子どもたちに心の問題がおきることが心配されています。なぜなら，食べることは胃袋《いぶくろ》を満《み》たすだけのものではなく，みんなで食事をすることで，［　　　3　　　］からです。だからこそ，「食育」の必要性《ひつようせい》が高まり，平成《へいせい》17年には「食育基本法《ほう》」という法律《ほうりつ》が制定《せいてい》されました。

**資料①　朝食と夕食をだれといっしょに食べたか**

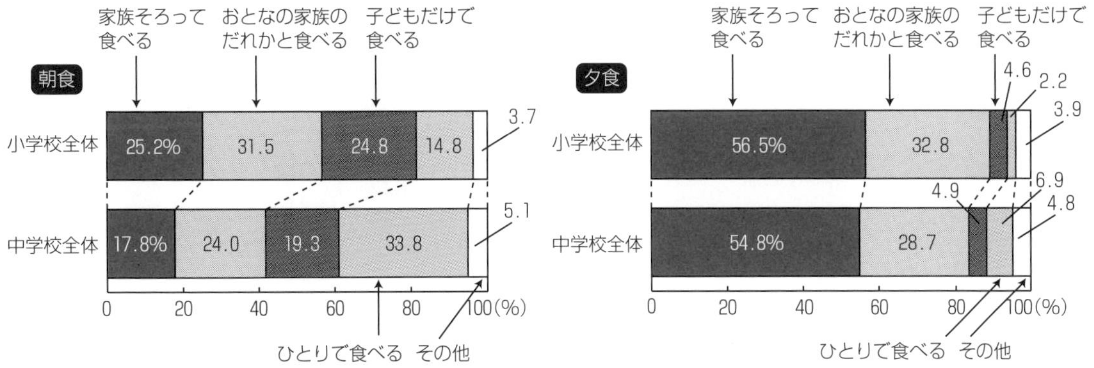


**資料②　どれくらい家族そろって夕食をとったか**

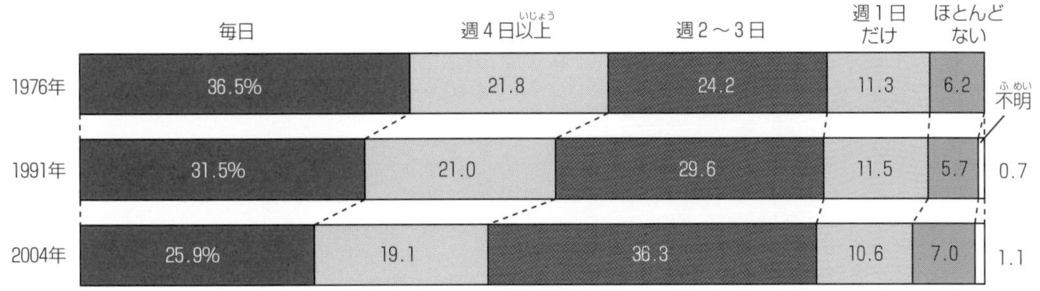


（資料①・②とも『食育白書』平成18年版《ばん》より。全体が100%になるように調整《ちょうせい》していない。）

# レベルC問題演習

**資料③　朝食の欠食状況《けっしょくじょうきょう》**

食べないことがある小学生の割合《わりあい》

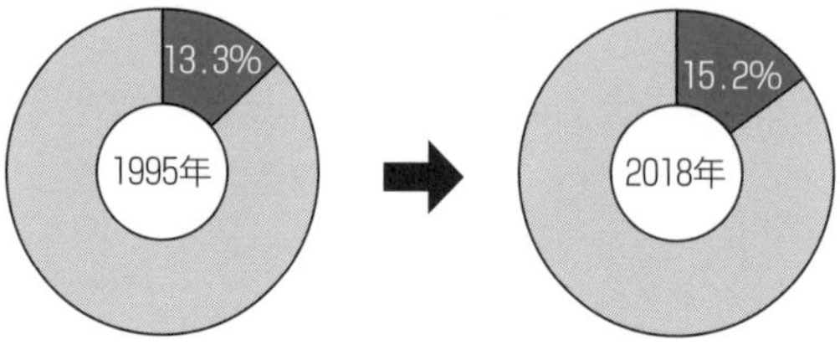


ほとんど食べない小学生の割合

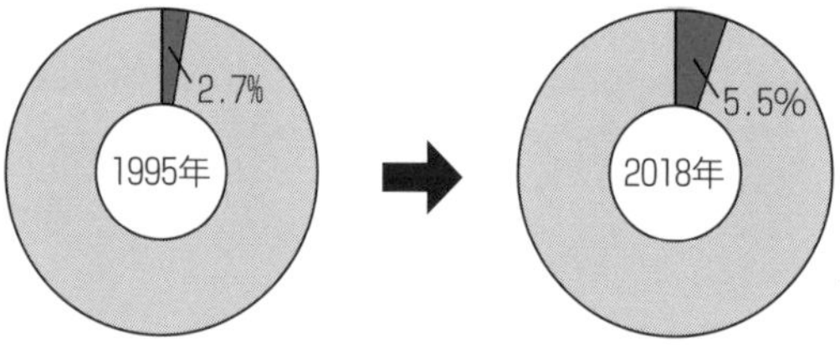


**資料④　朝食の欠食状況と成績《せいせき》（正答率）の結果《けっか》**

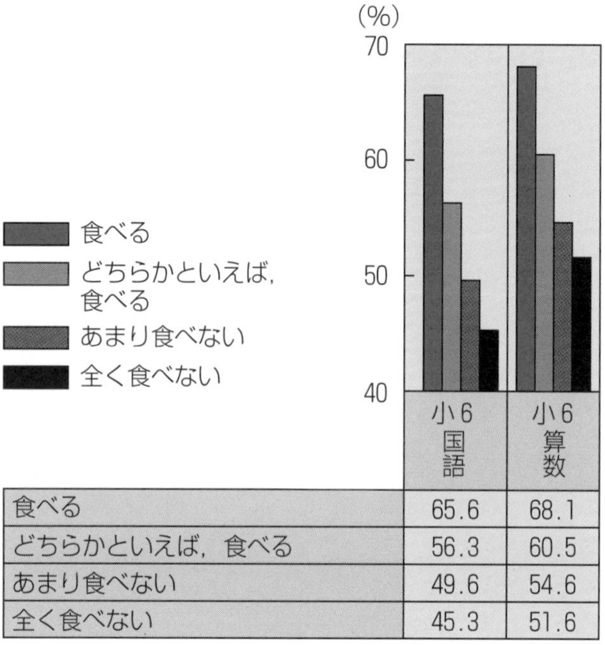


| | 小6 国語 | 小6 算数 |
|---|---|---|
| 食べる | 65.6 | 68.1 |
| どちらかといえば，食べる | 56.3 | 60.5 |
| あまり食べない | 49.6 | 54.6 |
| 全く食べない | 45.3 | 51.6 |

（資料は，国立教育政策研究所《せいさくけんきゅうじょ》「令和元年度全国学力・学習状況調査」より）

**問１**　前の文章中の（　１　）・（　２　）にあてはまることばを文章中から選《えら》び，それぞれ漢字１字で答えなさい。

**問２**　資料①・②は，食生活について調査した結果をまとめたものです。２つの資料を見て，下のア～エについて，正しいものには○，あやまっているものには×と答えなさい。

ア　家族全員で夕食をとるようになってきた。

イ　子どもだけやひとりで朝食をとる小学生は約《やく》40％をしめている。

ウ　ひとりで食べることは，小学生よりも中学生のほうが多い。

エ　家族全員で食べることは，夕食よりも朝食のほうが多い。

**問３**　資料③・④は，朝食の欠食（食事をとらないこと）状況と学校の成績について調査した結果をまとめたものです。２つの資料からわかることについて正しくのべたものを下のア～エから選び，記号で答えなさい。

ア　朝食をとらないことがある子どもほど，運動能力《のうりょく》が低《ひく》くなっている傾向《けいこう》があり，子どもの体力をつけることがこれからの教育の課題《かだい》になったといえる。

イ　毎日朝食をとる子どもほど，テストの成績がよい傾向があり，朝食を毎日とる子どもの割合《わりあい》が高くなっているので，子どもたちの将来《しょうらい》は明るいといえる。

ウ　朝食をまったくとらない子どもは，朝食を必ずとる子どものおよそ３分の１くらいの実力しかないといえる。

エ　毎日朝食をとる子どもほど，テストの成績がよい傾向があり，朝食を欠食する子どもの割合が高くなっているのは問題であるといえる。

**問４**　文章中の［　　３　　］にふさわしい文を自分で考えて40字以内《いない》で答えなさい（，や。は字数にふくみません）。

**問５**　次のページのＡ～Ｃの文章は，いまから120年前，90～70年前，現代《げんだい》の３つの時期の食事風景《ふうけい》をまとめたものです。Ａ～Ｃの文章を古い順《じゅん》にならべかえて記号で答えなさい。

また，文章中の（　１　）～（　４　）にあてはまることばをあとのア～キから選び，それぞれ記号で答えなさい。ただし，同じ番号には同じことばがあてはまります。

# レベルC問題演習

A

　都市を中心に若《わか》い夫婦《ふうふ》の間に“ちゃぶ台”（おりたたみ式の食卓《しょくたく》）が広まり，家族がこれをかこんで食事をするようになりました。水は，それまでは井戸《いど》を使っていましたが，都市が発達《はったつ》するにつれて（　1　）が整い，台所での主婦《しゅふ》の仕事（家事）はずいぶん楽になりました。

　しかし，家庭では食事は女性《じょせい》が用意するものというしきたりはむかしと変《か》わりませんでした。台所のことを“（　2　）”とよぶことがありましたが，“（　2　）口”は，ふつう家の裏手《うらて》にもうけられていました。

B

　東京のような都会でも，台所はたいてい家の中のうす暗い場所にあり，直接《ちょくせつ》地面のうえにつくられた（　3　）であることが多く，とてもひえびえとしていました。台所では，手おけで屋外の井戸《いど》から水をくんできて使いました。かまどや七輪《しちりん》を使って燃料《ねんりょう》の（　4　）で火をおこして，なべやかまをかけ，にたきしました。ご飯《はん》や料理《りょうり》は一人ひとりにおぜんが用意され，食事中はだまっておはしを動かすのが習慣《しゅうかん》でした。

C

　台所はダイニング・キッチンとよばれるようになり，冷蔵庫《れいぞうこ》や電子レンジなどのさまざまな便利《べんり》な道具であふれるようになりました。手間のかからない調理ずみの加《か》工《こう》食品が重宝《ちょうほう》されるようになり，調理にかける時間は少なくなってきたようです。

ア　まき・炭　　イ　水道　　ウ　ガス　　エ　電気　　オ　お勝手《かって》
カ　居間《いま》　　キ　土間《どま》

## 考えるヒント

**問1**　子どもたちを教え育てる教育は，知育（智育），体育，徳育《とくいく》などがあったが，最近《さいきん》では，「食育」の必要性《ひつようせい》がクローズアップされている。欠食《けっしょく》や，家族がことなった時間に一人ひとりで食事をとる「孤食《こしょく》」，家族が同じ食卓《しょくたく》についても一人ひとりことなった料理《りょうり》をとる「個食《こしょく》」が広がれば，子どもたちに心の問題がおきたとしても不思議《ふしぎ》ではない。そうなれば，知識《ちしき》を身につけたり，からだをきたえたりすることも期待できなくなる。

**問3**　日本はたいへんゆたかになり，いまでは世界中の食べ物が日本で手に入る。また，食べ残《のこ》されるものもふえてきた。このような飽食《ほうしょく》の時代にあって，食事を別の角度から見ればむしろ貧《まず》しくなってきた，と思える事態《じたい》が生じている。

資料③からは，朝食の「欠食」が増加《ぞうか》していることがわかる。「欠食」の理由としては，生活スタイルの多様化による夜ふかしなどが考えられる。

資料④からは，朝食を欠食する子どもほど成績《せいせき》がよくないことがわかる。ただし，この資料は，成績の0～100%をしめしているのではなく，差《さ》を際立《きわだ》たせるために，40～70%までをしめしていることに注意が必要である。

次のグラフのように，子どもたちは，家族全員と食べているときが一番楽しいと感じている。欠食や孤食，個食が多くなって日常化《にちじょうか》すると，成績だけでなく，ゆたかな人間関係《かんけい》を育てることもできなくなるおそれがある。

**だれと食べているときが一番楽しいですか？**（複数《ふくすう》回答）

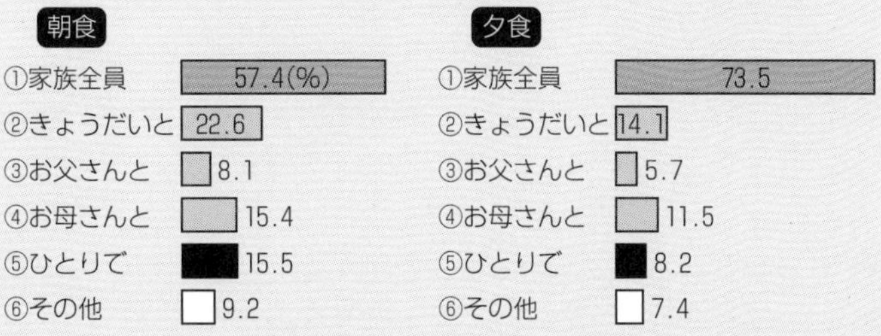


（複数回答，『知っていますか 子どもたちの食卓』より）

**問4**　みんなで食事することのよい点を書くが，文章中に「食生活のみだれによって，子どもたちに心の問題がおきることが心配されています。」とあるので，精神的《せいしんてき》なよさを書くことがポイントである。その反対の，たとえば，みんなで食事をしたほうが食事のしたくやあとかたづけは1回ですむとか，食費《しょくひ》が安くなる（正確《せいかく》には一人ひとり食べるより，みんなでいっしょに食べたほうが一人あたりの食費や光熱費が安くなる）などは，正解《せいかい》といえない。

**問5**　「台所《だいどころ》」は，かまどがならぶ「土間《どま》」から，ちゃぶ台がおかれた「お勝手《かって》」へと変化《へんか》し，最近では「ダイニング・キッチン」とよばれる，明るい清潔《せいけつ》な場所となった。

# 解答

## 第１章　地図を読み取る

### レベルA

**❶** ☞問題８～９ページ

**問１**　①エ　②ア　③イ　**問２**　①×　②○　③○　④×　**問３**　①ウ　②イ
**問４**　ⓐ３　ⓘ１　ⓤ２

**❷** ☞問題10～13ページ

**問１**　(最初)３　(２番目)２　(３番目)１　(４番目)５　(５番目)６
**問２**　１ダム　２ウ　**問３**　(1)ウ　(2)海ぞい，海の近く，など

### レベルB

◆ ☞問題14～16ページ

**問１**　①オ　②ク　③キ　④ウ　⑤ア　⑥エ
**問２**　Aウ　Bア　**問３**　(1)文ア　×エ　(2)ウ
**問４**　③　**問５**　右図

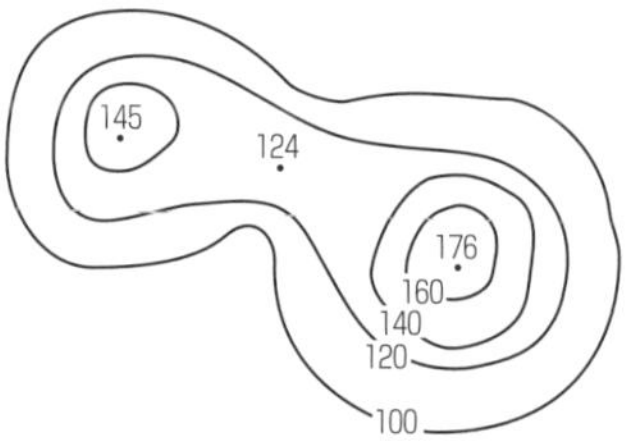


### レベルC

◆ ☞問題17～21ページ

**問１**　(1)100mごと　(2)ウ　(3)南　(4)エ　**問２**　(1)6000m　(2)(もっとも深いところ)ⓘ
(もっとも浅《あさ》いところ)ⓔ　(3)イ　**問３**　(1)７(℃)　(2)イ　(3)ウ　(4)ア　**問４**　①ウ
②エ　③ア

## 第２章　健康で安全なくらしをまもる

### レベルA

**❶** ☞問題24～26ページ

**問１**　119番　**問２**　あイ　いア　うエ　えウ　**問３**　(1)イ　(2)①救急車《きゅうきゅうしゃ》　②ウ
**問４**　(1)スプリンクラー　(2)ウ　**問５**　エ　**問６**　ア

**❷** ☞問題27～29ページ

**問１**　(1)市長　(2)ウ　(3)ウ　**問２**　ア８　イ４　ウ２　エ９　**問３**　ウ
**問４**　(みちよさん)ア　(お父さん)ウ　**問５**　①イ　②ア　③エ

### レベルB

◆ ☞問題30～33ページ

**問１**　(1)イ　(2)福井《ふくい》県　**問２**　イ　**問３**　ア　**問４**　４オ　５エ　６イ
**問５**　エアコン　**問６**　ウ　**問７**　イ　**問８**　節《せつ》　**問９**　(11)2011年　(12)イ
**問10**　エ

### レベルC

① ☞問題34～36ページ

**問１**　１　161(万トン)　２　68(万トン)　**問２**　(燃《も》やす)エ　(燃えないウ)ウ
(容器包装《ようきほうそう》)ア　(粗大《そだい》ごみ)イ　**問３**　(Rその①)イ・エ　(Rその②)ア・オ
(Rその③)ウ　**問４**　イ　**問５**　(例《れい》)温水プールの水をあたためるのに使っている。

② ☞問題38～41ページ

**問1** (1)(もっとも多かったもの)①　(もっとも少なかったもの)⑤　(2)ウ　(3)ア　(4)ア　(5)ウ　リアス海岸　(6)A①　B⑥　C⑨　**問2** (1)ウ　(2)ウ　(3)イ　(4)①C　②D　⑥B
**問3** (1)ウ　(2)イ

## 第3章　物をつくったり売ったりする仕事をしらべる

### レベルA

❶ ☞問題44～47ページ

**問1** (田おこし)ウ　(田植え)イ　(収穫《しゅうかく》)ア　**問2** (しろかき)ウ　(だっこく)エ
**問3** エ　**問4** ウ　**問5** (例《れい》)手作業で行われていたものが，機械《きかい》が使われるようになったことで作業時間が短くなった。　**問6** (1)1新潟《にいがた》県　2秋田《あきた》県　(2)3エ　4イ

❷ ☞問題48～50ページ

**問1** 和歌山《わかやま》県，16万トン　**問2** (1)ア　(2)ア中国《ちゅうごく》　イ低《ひく》　**問3** ア
**問4** ウ　**問5** (1)イ　(2)ウ

### レベルB

◆ ☞問題51～53ページ

**問1** 氷　**問2** うめぼし　**問3** (1)(神奈川《かながわ》県)ウ　(兵庫《ひょうご》県)エ　(長崎《ながさき》県)ア　(2)×
**問4** イ　**問5** 2ウ　3ア　4イ　**問6** みそ

### レベルC

① ☞問題54～58ページ

**問1** (スーパー)ウ　(コンビニ)イ　(デパート)ア　**問2** (1)(例《れい》)①　(くふうの理由)小さな子どもがいても安心して買い物ができるようにするため。　(2)①(たまねぎ)北海道《ほっかいどう》　(ピーマン)高知《こうち》県　(キャベツ)群馬《ぐんま》県　②神奈川《かながわ》県　③イ　**問3** (1)ウ　(2)イ
**問4** ①ア　②ウ　**問5** (1)B　(2)C　(3)イ

② ☞問題59～61ページ

**問1** 北里柴三郎《きたさとしばさぶろう》・千円札　渋沢栄一《しぶさわえいいち》・1万円札　津田梅子《つだうめこ》・5千円札　**問2** (1)エ　(2)イ　**問3** Aウ　Bア　Cイ　**問4** (1)ウ　(2)イ　**問5** ゆうちょ銀行(郵便局《ゆうびんきょく》)

## 第4章　各地の気候や地形のようすをしらべる

### レベルA

❶ ☞問題64～66ページ

**問1** ゆき　**問2** (1)ア　(2)A札幌《さっぽろ》(市)　C鹿児島《かごしま》(市)　**問3** (1)4(つ)　(2)3(つ)　(3)(もっとも大きかった市)長野《ながの》市・オ　(もっとも小さかった市)那覇《なは》市・イ　(4)ア
**問4** Aエ　Bア　Cイ

❷ ☞問題67～69ページ

**問1** (1)長野《ながの》県　(2)1132m　(3)飛驒山脈《ひださんみゃく》　(4)紀伊《きい》山地　**問2** (1)千葉《ちば》県　(2)45m　(3)筑紫《つくし》平野　(4)濃尾《のうび》平野　**問3** (1)1(つ)　(2)4(つ)　**問4** ア

レベルB

1 ☞問題70〜72ページ

**問1**　四国《しこく》　**問2**　(1)①山形《やまがた》(県)　③長崎《ながさき》(県)　④鹿児島《かごしま》(県)　(2)①カ　②ア　③イ
④エ　**問3**　ウ　**問4**　A奥羽《おうう》山脈　B飛驒《ひだ》山脈　**問5**　イ　**問6**　(1)発電　(2)イ

2 ☞問題73〜76ページ

**問1**　(1)山梨県《やまなし》・静岡県《しずおか》　(2)3776m　(3)2つ　**問2**　A 8月　B 1月　C10月　D 5月
**問3**　ウ　**問4**　エ　**問5**　ウ　**問6**　ウ　**問7**　ア　**問8**　ア・エ

レベルC

◆ ☞問題78〜81ページ

**問1**　イ　**問2**　(1)1屋根　2アルプス　(2)Aイ　Bウ　**問3**　(1)白山火山帯《はくさんかざんたい》　(2)富士山《ふじさん》　(3)①雲仙岳《うんぜんだけ》　②浅間山《あさまやま》　(4)1四国《しこく》　2九州《きゅうしゅう》　(5)エ　**問4**　イ　**問5**　(1)1…15
2…30　(2)みどり　(3)イ　**問6**　ウ・オ　**問7**　ア　**問8**　(山地)ア　(森林)イ

## 第5章　むかしといまのくらしのちがいを考える

レベルA

◇ ☞問題84〜87ページ

**問1**　(1)イ　(2)ウ　(3)ア・カ　**問2**　(1)イ　(2)ウ　**問3**　(1)1エ　2カ　(2)イ
**問4**　(1)(夏の暑さにそなえたくふう)イ　(台風にそなえたくふう)ア・ウ・エ　(2)ウ
**問5**　A

レベルB

1 ☞問題88〜90ページ

**問1**　蛍(ほたる)　**問2**　2ウ　3エ　4イ　5ア　**問3**　ウ　**問4**　(1)ろうそく
(2)ちょうちん　(3)(よい点)ウ　(悪い点)イ　**問5**　(1)イ　(2)(1位)北海道《ほっかいどう》　(2位)青森県《あおもり》
**問6**　(1)①イ　②イ　(2)ウ

2 ☞問題91〜94ページ

**問1**　(1)イ　(2)○　**問2**　(1)ウ　(2)×　**問3**　(1)B　(2)ア　**問4**　(1)イ　(2)イ

レベルC

1 ☞問題95〜97ページ

**問1**　神社　**問2**　2エ　3ア　**問3**　イ　**問4**　(1)イ　(2)ア・オ　(3)イ
**問5**　(祭りの名)七夕《たなばた》　(月日)7月7日

2 ☞問題98〜100ページ

**問1**　ウ　**問2**　イ　**問3**　イ　**問4**　岩手《いわて》(県)　**問5**　(1)あ東北《とうほく》(地方)
い中部《ちゅうぶ》(地方)　う九州《きゅうしゅう》(地方)　(2)えイ　おウ　(3)イ

3 ☞問題101〜105ページ

**問1**　1知(育)　2体(育)　**問2**　ア×　イ○　ウ○　エ×　**問3**　エ
**問4**　(例《れい》)家族のふれあいが生まれ人に対するせっし方や思いやりの心がはぐくまれる
**問5**　B→A→C　1イ　2オ　3キ　4ア

**資料提供**
アーテファクトリー　毎日新聞社　読売新聞社